VISIBLE HISTORY OF THE WORLD

看得见的世界史

美国

王成军 主编

中卷

AMERICA

石油工业出版社

美国历史大事件时间表

1803 年

美国以低价从法国手中购买了大片土地，史称“路易斯安那购地案”。

1809 年

美国第三任总统托马斯·杰斐逊卸任。

1819 年

美国弗吉尼亚大学成立。

1823 年

门罗主义盛行，美国禁止欧洲列强插手美洲的事务。

1830 年

美国第一条铁路建成。

1845 年

得克萨斯孤星共和国加入美国，西进运动开始。

1846 年

美墨战争爆发，美国从墨西哥获得大量土地。

1848 年

北加州发现金矿，推动了淘金热。

1859 年

约翰·布朗领导反奴隶制的起义。

1861 年

南北战争爆发。

1863 年

横贯北美大陆的太平洋铁路开建。

1865 年

奴隶制被废除，林肯遇刺。

1870 年

洛克菲勒的标准石油美孚公司成立，美国进入石油时代。

1871 年

德雷塞尔摩根公司成立，标志着美国进入金融业时代。

1879 年

爱迪生发明电灯。

1881 年

卡内基创建垄断的钢铁公司。

1885 年

特斯拉发明多相交流电机，推动了第二次工业革命。

1898 年

美西战争爆发，美国从西班牙手里获得古巴、波多黎各、菲律宾等属地，从此美国正式成为西半球第一强国。

1903 年

莱特兄弟发明飞机。

1908 年

福特出产T型车，美国进入汽车时代。

1914 年

巴拿马运河开通，美国获得管理权。

1917 年

美国加入第一次世界大战。

1920 年

美国开始颁布“禁酒令”。

1929 年

股市暴跌，“大萧条”时代开始。

目录

Contents

第四章

扩张与动荡 / 191

第五章

内战与重建 / 283

第六章

工业化时代 / 355

第七章

走向世界 / 421

第四章

扩张与动荡

随着工业革命的发展，欧洲国家逐渐强大起来。而美国为了实现国家的迅速强盛，开始把发展的方向转向遥远的西部以及更远处的太平洋彼岸。美国在向西扩张的过程中，技术起到了关键性的作用，例如莫尔斯电报使人们对广袤的西部减少了畏惧。而通过美墨战争，美国在美洲获得了主宰地位，但关于是否在新获得的土地上施行奴隶制这个问题上，美国南北方产生了重大矛盾，进而引发了一系列的冲突。

△ 淘金热中诞生的服装品牌李维斯

△ 无法无天的西部枪手"比利小子"

VISIBLE HISTORY OF THE WORLD

关键词：民主先驱 / “美元之父”

“民主先驱”托马斯·杰斐逊

■ 1743年～1826年

作为美国历史上最为人们津津乐道的总统之一，托马斯·杰斐逊（1743—1826）在饱受赞扬的同时也受到了各种责难。人们一谈到自然权利，就会想到杰斐逊的名言“自由自在的羊群比在豺狼照看之下愉快”。在很多人眼中，他是主持正义的理想主义者，是反对资本主义经济学的重农主义者，是摧毁弗吉尼亚社会结构的革命者，是“1800 年革命”的赞助者，是美国政治精英传统的开创者……

^ 托马斯·杰斐逊像

他是美国独立战争期间的主要领导人，《独立宣言》的主要起草人。

名门之后

托马斯·杰斐逊于1743年4月13日生于弗吉尼亚的阿尔伯马尔县，其父彼得·杰斐逊出生于1707年，通过白手起家，艰苦创业，成为当地的绅士名流。1739年，32岁的彼得与当地一位19岁的姑娘简·伦道夫结了婚。因和简联姻，彼得一跃成为弗吉尼亚最富有的贵族之一。当时，伦道夫家族是弗吉尼亚殖民地最富

^ 杰斐逊曾就读的威廉斯堡的威廉玛丽学院

有、最有权势和最有名望的家族之一。简·伦道夫和彼得结婚时，除了带来200英镑的嫁妆外，还带来了时人眼中高贵的血统和牢固的社会地位。杰斐逊是彼得夫妇的第一个孩子。托马斯·杰斐逊14岁时，彼得·杰斐逊去世，杰斐逊虽然失去了父爱，但是获得了约20平方千米土地和上百名奴隶。在母亲的抚养下，杰斐逊受到了良好的教育。1760年，杰斐逊考入了威廉斯堡的威廉玛丽学院，虽然年轻，但是在学习上他勤勉苦读，掌握了希腊文、拉丁文、法文等多种语言，并成为掌握数学、农学、生物学、测量学、建筑学、哲学、文学、法学等多门知识的高素质人才，这些知识积累为他步入社会奠定了雄厚的基础。毕业后，杰斐逊依靠母亲家族的声望，迅速跻身名流，出入于弗吉尼亚的上流社会。

投身独立运动

1768年，杰斐逊担任了家乡阿尔伯马尔县的治安法官，并顺利当选为弗吉尼亚州的议会议员。这是杰斐逊政治生涯的开始，也是北美殖民地反

^ 印有杰斐逊总统头像的1美元硬币正面

英斗争的高涨时期。在反对《汤森法案》的斗争中，弗吉尼亚议会做出了抵制这一税法的决议，弗吉尼亚总督强令解散议会，而议员们则将会址转移到雷利酒店的阿波罗大厅继续开会，因此被称为“被解散的议会”。当时，杰斐逊与乔治·华盛顿、帕特里克·亨利、理查德·亨利·李成为这个议会的核心人物。在他们的领导下，《汤森法案》后来终于被废除。

1775年5月，第二次大陆会议在费城召开，年轻的杰斐逊与华盛顿、富兰克林一起到弗吉尼亚参加会议。在这次会议上，杰斐逊被任命为《独立宣言》的主笔人。在大约半个月的时间内，杰斐逊完全忙于起草和修改宣言内容的工作，他字斟句酌，仔细地推敲词句。当时，杰斐逊的母亲突然过世，他的一个孩子夭折，妻子也患有重病。在内心极度苦楚的情况下，杰斐逊完成了这部伟大作品。在《独立宣言》的第一部分，杰斐逊对人类自然权利学说做了如下解释：“我们认为这些真理是不言而喻的：人人生而平等，他们从他们的‘造物主’那里被赋予了某种不可转让的权利，其中包括生命权、自由权和追求幸福的权利。为了保障这些权利，所以才在人们中间成立政府，而政府的正当权利，则是经被治理者同意授予的。如果任何一种形式的政府一旦损害了这些目标的实现，人民有权利来更换它或废除它；而成立新的政府，要奠基于这样的原则上，以这样的形式组成它的权力，以期它能保障人民的安全和幸福。”1776年6月28日，在杰斐逊等人的努力下，《独立宣言》的草稿送交大陆会议，7月4日会议正式通过。因此，7月4日也成为美国的实际独立日。

国务卿和副总统

1783年至1784年间，杰斐逊担任国会议员，向国会提交了一系列重要法案。根据他的意见，国会采纳了货币的十进位制，因而杰斐逊被称为“美元之父”。1784年5月，杰斐逊受国会委派出使法国，第二年正式接替富兰克林成为美国驻法大使。1789年9月，出使法国五年的杰斐逊终于回到了阔别已久的祖国。回国伊始，他就被任命为美国的第一任国务卿，并于1790年2月就任。

回国后，杰斐逊敏锐地感知到现在的政府行为在某种程度上是对民主的挑战，他和麦迪逊站在同一立场上，开始了与财政部长汉密尔顿针锋相对的斗争。矛盾最为突出的一次是关于设立国家银行的争论。杰斐逊认为，建立国家银行会加重人们的投机行为，从而放弃农业，这是在迎合商业、维护金融资产阶级的利益，不符合农业集团的利益。这样一来，不仅会把联邦政府的一些权力交给商业势力集团，更会使联邦政府滋生腐败。杰斐逊坚持认为，宪法并未授予联邦政府建立国家银行的权力，所以汉密尔顿的做法是违宪的。但是，华盛顿总统最终还是听从了汉密尔顿的建议，批准设立了国家银行。

∨ 杰斐逊出使法国时的肖像

关于国家银行的争论，使得政府内部开始形成民主共和党和联邦党两大政治派系，杰斐逊和麦迪逊成了民主共和党的领袖。他们创办了一份报纸——《国民公报》，来消除亲联邦党人的《合众国公报》的影响力，这份报纸的目的主要是批判汉密尔顿的“君主制阴谋”，几乎所有汉密尔顿的财政政策都被该报指责。这份报纸

^ 约翰·特兰布尔画的汉密尔顿像，作于1792年。

的出现，奠定了杰斐逊在民主共和党的领导地位。

两大派系的斗争一度到了白热化程度，华盛顿总统虽然竭力调停，但是政治上的分歧并没有消除。在此后对待法国大革命的问题上，两派又产生了严重分歧。这样的政治斗争持续了三年后，杰斐逊感到了厌倦。1794年，杰斐逊辞掉了国务卿职务，回到了自己的家乡。

回乡后的杰斐逊虽然表示不再过问政治，但是时事的变化又一次让他走出家门，重回政治舞台。华盛顿宣布不担任第三届总统之后，约翰·亚当斯当选为美国历史上第二位总统，杰斐逊被选为副总统。

在此任期间，杰斐逊写了《议会实施手册》，阐明了许多有关议会的规则，直到现在仍在美国国会两院实施。由于亚当斯的内阁以联邦党人居多，对外主张与英国结盟以反对法国，对内仇视民主共和党人的政策则成为主流。1798年7月，联邦党人多数派通过了《外国侨民法》和《镇压叛乱法》，等于取消了保障人民自由和权利的宪法前十条修正案。因此，这两部法律遭到了杰斐逊的坚决反对，同年，他起草了《肯塔基决议案》，严厉谴责了联邦政府摧残民主权利的行为，重申州权理论，并鼓舞民主共和党人坚持斗争，迎接1800年的大选。

“1800年革命”

1800年，民主共和党提名托马斯·杰斐逊和阿伦·伯尔为总统候选人，参加总统大选。由于联邦党人自乱阵脚，约翰·亚当斯被共和党人击败，没能连任，但是杰斐逊和伯尔获得的选票相等。由于两人势均力敌，在众议院连续进行了35次不记名投票，胜负难分。此后在汉密尔顿的游说下，杰斐逊以微弱优势当选总统。从此以后，民主共和党连续执政24年，这一时期被称为“弗吉尼亚王朝”。

1800年3月4日，杰斐逊在国会宣誓就任总统。在总统就职演说中，杰斐逊用了大量篇幅谈论民主共和党人和联邦党人的关系，希望大家能够捐弃前嫌，携手努力。他说：“每一种意见的分歧都不是原则性的分歧。我们曾用不同的名称称呼信奉相同原则的兄弟。我们都是共和党人，我们都是联邦党人。如果我们当中有什么人想要解散我们的联盟，或者想要改变其共和形式，那也不要去触动他们，从而显示他们也能安然无恙。有了这种安全，错误的意见也就能得到宽容，而任凭理性来自由地与之较量。”

杰斐逊认为自己在选举中的胜利是“关系美国政府原则的真正革命”，就像1776年革命是“关系美国政府形式的真正革命”一样。不同的是，前一次革命是靠“刀剑”完成的，这次是“用合理而和平的改革手段，即人民的选举权来完成的”。杰斐逊的拥护者把这次成功称作“1800年革命”。

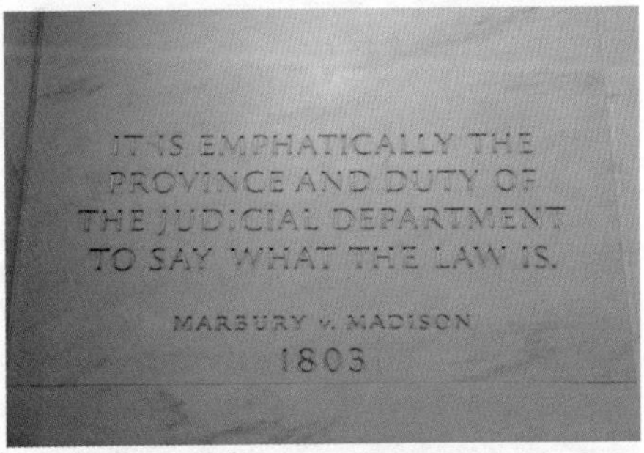

∧马伯里案是确立最高法院审查合宪性的第一案，该案对后世有深远影响。美国首席大法官马歇尔在这个案件中写下了著名的一句判语，现在被刻在美国最高法院的墙壁上：“解释法律显然是司法部门的权限范围和责任。”

马伯里诉麦迪逊案

马伯里是哥伦比亚区未到任的治安法官，他的这一职位是前任总统约翰·亚当斯在卸任前几小时内做出的一项任命。杰斐逊上台之后，新任国务卿麦迪逊拒绝颁发委任书。针对麦迪逊的做法，马伯里向最高法院提起申诉，要求根据1789年制定的《法院法》第十三条规定颁发命令状。首席法官马歇尔在宣布最高法院的裁决时，酌量了麦迪逊是否有权对一个正式任命的官员扣发委任书的问题，并做出了反对麦迪逊的判断："难道还需争论说，各部首长没有义务服从他们本国的法律吗？"但是《联邦宪法》在规定最高法院的固有权限方面，并没有把向行政官员颁发委任状的权力包括在其中。因而，问题的核心在于：最高法院究竟是遵从《法院法》第十三条还是遵从《联邦宪法》。

关于这一问题，马歇尔在裁决书中做出了对美国宪法发展具有深远影响的申述："极为明显而不容分辩的一项立论乃是：宪法取缔一切与之相抵触的法案。违反宪法之法案不成为法律。解释法律显然是司法部门的权限范围和责任。与宪法相抵触之法律无效……各级法院以及其他政府部门均受该文件之约束。"

杰斐逊纪念堂

纪念堂后的石壁上，镌刻着杰斐逊生前的话："我已经在上帝圣坛前发过誓，永远反对笼罩着人类心灵的任何形式的暴政。"

这一案件的核心是马歇尔利用自己的职权对杰斐逊和麦迪逊做出了批评，这也是马歇尔长期以来与杰斐逊矛盾冲突的最好例证。因此，杰斐逊开始鼓动他在众议院的亲信采取措施，反对某些联邦法官。有一位联邦地方法院的法官因酗酒遭到弹劾罢免，另一位虽然也遭到弹劾，但是在其他人的辩护下而被免予处分。

从某种程度上来说，杰斐逊在司法领域对联邦党人的清除是失败的，马歇尔率领的联邦党人牢固地坚守了阵地。所以后来杰斐逊曾愤怒地说："在选举中遭到失败的联邦党人退居司法机构，他们盼望能从那道防栅发炮，轰垮共和党人的一切堡垒。"

购买路易斯安那

路易斯安那地区是法国在北美的殖民地。"七年战争"时期该地区为西班牙所占领，1799年拿破仑上台后，他强迫西班牙签订秘密协议，归还路易斯安那。1801年5月，杰斐逊听说了这一密约，认为路易斯安那在西班牙手中对美国尚无大碍，若转入法国手中，则是后患无穷。他认为美国"必须取得通向密西西比河出海口和新奥尔良的通道，否则就将最后失去阿巴拉契亚山后面的一切"。

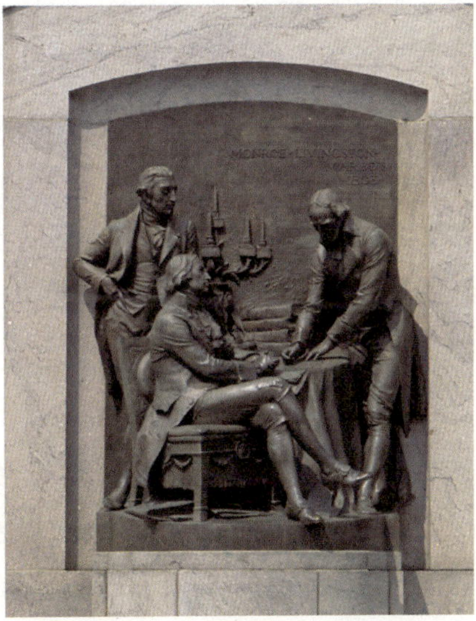

^ 签署《路易斯安那购地条约》浮雕

1803年4月30日，利文斯顿、门罗和法国财政部长巴贝马霸在巴黎签署《路易斯安那购地条约》。

为了获得这一地区，杰斐逊政府制订了周密的计划。1802年，美国驻法公使罗伯特·利文斯顿和特使詹姆斯·门罗奉命与法国政府开始谈判。

出人意料的是，谈判进行得非常顺利，法国所做的让步使美国人非常惊讶。1803年4月30日，美法签订条约，美国支付1500万美元从法国手中购买整个路易斯安那和新奥尔良地区，总面积达210万平方千米，这一地区丰富的自然资源与肥沃的土壤对美国经济的发展起到了不可或缺的作用。

黯淡时光

1804年大选来临时，杰斐逊的声望达到巅峰，购买路易斯安那的行为以及杰斐逊在白宫里所表现出的平等主义的姿态，使得共和党赢得了民众，杰斐逊再次当选为总统。在此期间，杰斐逊面临着第一任期内未有的困难。由于英法冲突的白热化，美国的中立国处境极为困难，交战双方不断践踏中立国的权利。英国海军经常到美国商船上抢走水手，强迫他们为英国海军服役。尽管美国多次抗议，但英国拒不接受。当美国的抗议遭到冷遇时，杰斐逊决定使用经济手段迫使英国停止对美国商船的侵扰。1807年12月22日，美国国会通过了《禁运法案》，即禁止美国的全部进出口贸易，不准美国船只驶抵欧洲任何港口，只限于在国内沿海进行贸易。《禁运法案》不仅受到新英格兰地区联邦党人的反对，也遭到其他地区人民的抵制，走私贸易到处泛滥。1809年3月，杰斐逊在离职的前几天，被迫取消了《禁运法案》。

1809年3月4日，杰斐逊卸任。11日，他回到家乡蒙蒂塞洛开始了他的退隐生活。回家之后他说："我摆脱权力枷锁后所能得到的轻松感，是任何一个从锁链中解脱出来的囚徒都体会不到的……"1812年，詹姆斯·麦迪逊总统请杰斐逊出山担任国务卿，68岁的杰斐逊以自己年事已高为由婉言谢绝。

在生命的最后几年，杰斐逊把所有的精力和金钱都投入了弗吉尼亚大学的筹建当中。1825年3月7日，弗吉尼亚大学开学，虽然只有30名学生参加了开学典礼，但是杰斐逊异常欣慰，他说："我以创办和扶植一

^ 弗吉尼亚大学圆厅，其厅前是杰斐逊雕像。杰斐逊卸任后仍活跃于公共事务中，他投入大部分的精力建立了弗吉尼亚大学，致力于解除教会对校务的影响，使学生可专心致力于学习之中。

所教育我们的后来人的学校作为结束生命的最后一幕。我希望学校对他们的品德、自由、声名和幸福都能起到有益而永久的影响。”

由于创办学校，晚年的杰斐逊经济非常困难，以致患病期间都未能得到很好的医治。当这个消息传遍全国时，人们纷纷伸出援手，可惜这些已经太晚了，杰斐逊的病情在不断恶化。1826年7月4日中午12时50分，托马斯·杰斐逊溘然长逝。他被安葬在蒙蒂塞洛的墓地里，陪伴在妻子身旁。

> 杰斐逊墓

1826 年去世前夕，杰斐逊自己设计了墓碑，并撰写了墓志铭：托马斯·杰斐逊，美国《独立宣言》和《弗吉尼亚宗教法案》的执笔人，弗吉尼亚大学之父安葬于此。

其实，这个三言两语的墓志铭远远不能概括杰斐逊的一生。

VISIBLE HISTORY OF THE WORLD

关键词：《禁运法案》

《禁运法案》的出台

■ 1807年

作为一个新生的国家，美国建国之初在处理国际事务上要内敛得多，尤其因为独立得罪了实力强大的英国，在国际交往中步履维艰，于是外交上一直奉行华盛顿所倡导的孤立主义。杰斐逊总统当政时期，美国一方面要积极发展海外贸易，另一方面又要避免卷入欧洲大国纷争，因此美国一贯奉行的孤立主义外交在欧洲的国际斗争中不可能不遇到麻烦。随着拿破仑战争的扩大，杰斐逊政府无法摆脱来自欧洲的牵扯，1803 年后，法国和英国在交战中相互使用封锁政策，美国的对外贸易受到了巨大影响，《禁运法案》在这样的背景下出台了。

美英关系恶化

长期以来，英国在航海事业上保持着绝对的优势，英国商业舰队与欧亚贸易往来不断。18世纪末19世纪初，英国忙于与法国争夺欧洲霸主，无暇顾及美洲。美国就利用这个空闲大力发展海上商业舰队，很快就成为世界上比较知名的海洋大国，并迅速掌控了欧洲与西印度群岛的大部分海上贸易。

1805年，特拉法尔加海战爆发，英军戏剧性地赢得了胜利，拿破仑被迫放弃登陆英伦三岛的计划，下令禁止欧洲大陆与英国的全部贸易，不准从英国港口发出的商船和中立商船在法国及其同盟国控制的港口停泊卸货。英国的反击对策是，封锁欧洲海岸，要求所有发往法国或欧洲的货物都必须在英国港口用英国货船或中立货船装货。英法两国的互相封锁政策，使长期与西印度群岛有贸易往来的美国商船成为受害者。

对此，杰斐逊总统虽然表示“不希望战争”，但认为美国的“中立必须受到尊重”，便首先决定用经济手段表示对抗。1806年4月18日，美国颁布《禁止输入法》，宣布禁止一些英国产品进口，同时派出使团到英国，探讨保持中立地位的新条约。但此举没有任何成效，英法两国依旧故我，不同的是法国的封锁只针对英国，英国的封锁却针对所有中立国，美国的商业利益因此遭到严重损害。到1807年，美国已有500多艘商船被英军捕获。

不仅如此，英国还恢复并推行几百年来古老的强征海员服役制度。长期以来，英国海军待遇低，待遇苛刻，生存条件恶劣，很少有人自愿参加海军，被迫入伍的人经常找机会逃走，很多逃走的海军人员加入美国商业舰队或美国海军。英国舰队人员流失严重，便借机截获美国的货船，再度抓走逃跑的水手，强迫他们入伍。在抓人的时候，英国人声称抓的都是英国逃兵，实际上经常不加区分，无论英国逃兵还是美国水手，一并抓到英国服役。1807年，英国军舰“豹”号拦截并炮击美国军舰“切萨皮克”号，打死4人，打伤18人，抓走4人，其中只有1人是英国逃兵。杰斐逊总统在对国会的报告中指出三年内英国征用美军海员的事件已达数千件。英国这种行为显然是对美国的挑衅，引起美国人民的强烈反抗，美英关系也严重恶化。

颁布《禁运法案》

面对美国国内反英情绪高涨的局面，杰斐逊采用了贸易禁运的方法，请求国会制定《禁运法案》。1807年12月22日，国会在杰斐逊咨文的基础上，正式颁布《禁运法案》。

《禁运法案》的主要内容是：所有的美国船只和在美国的外国船只，不得起航；美国境内所有陆路对外出口和海路对外出口，一律停止使用；特别规定的一些英国货物，严禁进口；船主只有在交给政府两倍于所运货物价值的债权后才能进行沿海贸易，货物必须运往美国领土。根据该法案，在此后的14个月内，所有与美国有贸易往来的船只都被封锁在美国港口内，只有少数船只被允许从事沿海贸易。

杰斐逊之所以规避战争、选择经济制裁，出发点有四个：一是坚持了华盛顿以来的外交原则，尽可能避免卷入欧洲战争；二是在《禁运法案》颁布的前几天，法国又颁布新法令，规定任何国家的船只，只要接受过英舰检查或与英国有任何接触，一律被视为捕捉对象，而美国船只由于被英国借口“抓逃兵”搜查得最多，所以成为法国打击的首要目标，这个法案可以同时针对英国和法国的封锁政策；三是封港意味着海外贸易的中断，希望可借此对英法两国造成经济压力；四是美国军用物资短缺，经济实力支持不了对外战争，只能通过经济手段缓冲，延缓美英两国决裂的速度。

1809年1月9日，美国国会又通过了《强制执行法》，这个法案可看作对《禁运法案》的补充。在《禁运法案》实施期间，不遵守法律的现象大量存在，尤其是东北地区的商人和船主。东北地区船运经济发达，《禁运法案》实施后，船运经济陷入停滞状态，东北地区经济严重萧条。为了生计，很多人不惜铤而走险，通过伪造报关文件等方式逃避《禁运法案》。《强制执行法》比《禁运法案》更严苛，规定联邦官员即使不带搜查令，只要觉得船只可疑，就可对船上的货物进行没收处理。

不过《强制执行法》并没有取得预期效果，美国与英国的贸易额虽然有所下降，但通过加拿大，英国依然可以向美国推销商品。拿破仑则直接将所有运往法国的美国船只货物没收，声称自己只是“帮杰斐逊禁运”。

^ 1808 年英国的卡通画：拿破仑从美国总统托马斯·杰斐逊身后的椅子偷窥他为贸易禁运令辩护的情景。杰斐逊颁布的《禁运法案》和随之而来的战争大大刺激了美国的制造业。

《禁运法案》的代价与影响

杰斐逊推行的《禁运法案》实质上类似“闭关锁国”，这个政策的执行贯穿于杰斐逊执政时期，但其结果却总与杰斐逊希望的恰恰相反。禁运给美国带来了巨大的损失：美国的棉花、烟草、麻类作物销路堵塞，农产品烂在地里无人问津，农场主至少毁掉了价值5000万美元的商品；港口的工人失业，船舶被废弃，沿海的城镇荒芜，航海业濒临破产。1807年至1808年，美国出口额从10834.3万美元减为2243.1万美元，进口额则由13850万美元降至5699万美元。

除了经济损失外，美国的国内矛盾也有所激化，农场主、商人、船主纷纷抗议禁运政策，对政府的不满情绪弥漫。实力大衰的联邦党人因此有了反击的机会，他们到处煽动反政府情绪，把这次禁运看作地区性和党派性的阴谋。

为了避免经济萧条带来的政治危害，杰斐逊只得做出让步，在离任之前批准结束高压政策，以《非交流法案》代替《禁运法案》。新法案重新开放对外贸易，只禁止对英国和法国的海外贸易。1810年，国会宣布《非交流法案》失效，通过《梅肯2号法案》，解除对英国和法国的禁运政策，但增补了一项条款：如果一方继续违反中立国的海运协定，美国总统有权终止与该国的贸易协定。拿破仑计划联合美国一起对英国禁运，于是下令停止对美国海运事业的干涉。英国仍“不知悔改”，麦迪逊总统宣布继续对英国实施禁运政策，除非英国取消对美国海运事业的限制，否则不取消该决定。这项海运政策虽然实施起来有难度，但仍然给英国经济带来了一定的损失，英国最终不得不停止对中立国的海运限制。

值得注意的是，1807年《禁运法案》带给美国的不仅仅是损失，还有一定的积极意义。从政治角度上来说，美国通过此法案向欧洲国家彰显了美国主权的尊严，第一次展示了美国在海上的自主权；从经济角度上来说，禁运虽然影响了航海事业，却促进了美国制造业的空前发展，家庭手工业和制造业突飞猛进。截至1810年，美国制造业的生产总值已达1.2亿美元。因为禁运，美国国内的制造业不用面临来自欧洲国家的竞争，从前需要从英国进口的货物，美国国内开始着手生产。包括纺织、造纸、活字印刷、火药、冶铁等在内的产业，美国基本已经能自给自足。同时制造业又带动了工业品价格上涨，利润增加，促使此前船运事业和对外贸易资金的大量转移，这在一定程度上弥补了禁运对航海事业和对外贸易造成的损失。

杰斐逊本人更是说：“禁运产生了值得庆幸的持久的效果，我们的制造业有了进步……以后类似的货物，我们不再依赖于英国。”从这个意义上来说，禁运算是美国在困境中一次大胆而有益的尝试，使美国人懂得了制造业对于国家强大和民族独立的意义，为其摆脱经济困难，指出了一条康庄大道。

VISIBLE HISTORY OF THE WORLD

关键词：印第安人 / 西部 / 屠杀

西进运动

▪ 18世纪末～19世纪末20世纪初

年轻的美国建立之初只有区区 13 个州，且这 13 个州都集中在北美大陆濒临大西洋的东海岸。但在短短百余年间美国大幅度向西扩张，领土增长数倍，疆界远达北美洲西海岸甚至延伸到海外，大致形成了今天 50 个州的国土规模。整个向西扩张的过程伴随着移民迁徙和农业、工业的拓展与开发，因此被称为“西进运动”。而印第安人在这一过程中被迫迁移，更遭到大规模屠杀，因此“西进运动”的路线亦是印第安人的“血泪之路”。

翻越阿巴拉契亚山脉

无论美国建国前还是建国后，从欧洲移民而来的白种殖民者都怀着与生俱来的优越感，并迫切地希望在这片新大陆上拥有更广阔的土地。关于这一点，美国政府、上层精英和底层民众的目标和思路是一致的。这种欲望和美国人对自身政治体制的自信，再加上改造世界的使命感后来发展成一种美国卓越主义，并把美国领土向西扩张到太平洋看作“昭昭天命”。

但是在美国独立之前，根据英国国王乔治三世于1763年发布的一条公告，英属美洲移民地被限制在阿巴拉契亚山脉以东，不得越过该山脉到北

美国印第安人西迁

美国19世纪30年代《印第安移民法案》颁布，印第安人的土地所有权被剥夺，他们的生活陷入悲惨的境地。图为印第安人部落在美国政府士兵的押送下，向荒凉的西部迁移的情景。

美洲中西部地区，更不得以私人名义向原住民购买土地。1783年英美《巴黎条约》签订后，美国争取到向阿巴拉契亚山脉以西到密西西比河以东地区移民和扩张的权利，迈出了西进运动的第一步。

最初的扩张行动尽管受到当地印第安人的抵制，但还是迅速开展起来——大批美国人向西翻越阿巴拉契亚山脉进入北美腹地，满怀着征服和改造新世界的热情，当然更是为了获取更多的土地，过上更加富足的生活，由此开始了拓荒之旅。

买来的或抢来的

来自宗主国的障碍被突破后，美国向西扩张的步伐加快。1789年以后新增入联邦的几个州中，除1791年加入的第14个州佛蒙特州在美国东北之外，1792年的第15个州肯塔基州、1796年的第16个州田纳西州和1803年的第17个州俄亥俄州都在阿巴拉契亚山脉以西，并且还有几个由联邦政府控制的、尚未形成或升级为州的领地。

而就在俄亥俄建州的同一年，一项购置案使美国的领土翻了一倍——这就是美国向法国购买路易斯安那地区的事件。当时的法国终身执政官拿破仑出于种种原因同意将法属路易斯安那出售给美国，这片土地已经跨越到密西西比河西岸，并包括今天的路易斯安那州、阿肯色州、俄克拉何马州等在内的15个州的全部或部分疆域以及加拿大的一部分地区，占今日美国领土的五分之一还多。

获得这片土地后，时任美国总统的杰斐逊主持发起了一次向太平洋沿岸的远征，被称为“刘易斯和克拉克远征”。这两个人是美国陆军军官，他们率领着一支40余人的远征队深入北美腹地并远达太平洋沿岸，对沿途的道路、河流等地理情况以及印第安人部落进行了考察，为美国人进一步向西扩张打好了前站，做好了准备。

在接下来的近百年时间里，美国领土扩张的脚步从未止息——通过1810年西佛罗里达共和国的建立和1821年美国与西班牙间的条约，美国取得佛罗里达地区；根据1818年和1846年美英签订的两次条约，美国与英国划定北纬49度国界线，将版图扩大到太平洋沿岸，并最终取得了俄勒冈地区与哥伦比亚河以南的领土；美墨战争后，美国获得西属

^ 纪念西进运动的牌匾

随着西进运动的进行，大批印第安人遭到屠杀，幸存者被强行赶到更为荒凉的“保留地”。印第安人被迫迁徙之路也被称为印第安人的“血泪之路”。

^ 同印第安人谈判

刘易斯和克拉克在向导的帮助下，同印第安人进行谈判。凭借着向导的帮助，刘易斯和克拉克的探险队与所遇到的大多数部落建立了良好的关系。

墨西哥的大片土地；1867年，美国从俄国购得北美的阿拉斯加地区；1898年又吞并了夏威夷群岛。

至此，美国整个的领土扩张过程基本完成，包括50个州的全部建立和获得联邦政府批准要截止到1959年夏威夷州的建立。但到那时，今天

美国疆域的基本范围已经形成——它包括贯通大西洋和太平洋的北美大陆上的广阔本土、加拿大以北靠近北极的阿拉斯加地区以及美国在太平洋地区的属地。后来虽然仍有一些地区加入了一个自由联合盟约或处于美国的管理之下，如马绍尔群岛、关岛、波多黎各、巴拿马运河区等，但是它们并非在美国联邦政府的直接和有效控制之下。

土地法案和宅地法

急剧的扩张使美国迅速成为世界上领土面积最大的国家之一，如何管理和分配这些土地成为一个问题。这一问题从美国建立之初就引起了开国元勋们的关注和重视，他们为了保障美国的国家利益，平衡各州对土地权益的要求，同时也为了调控不同阶层对土地进行投资、购买和使用的需要，商讨并确立了土地政策的基本方针和原则。

事实上，早在1783年英美签订《巴黎条约》前，美国即已决定向西发展并在新领土上建州，将出售或赠予土地的权力赋予美国政府。条约签订后，一条相关法令的出台势在必行。这时，关于土地分配办法主要有两种主张——直接将西部领土割成小块分配给农民，或者由国家销售这些土地，为国家积累财富。1784年，持“均田”主张的杰斐逊针对弗吉尼亚州让予联邦政府的西部土地（后为俄亥俄州等地）的处置问题提出了一个建议方案。这个方案经过修改后成为1785年土地法案，并在两年后通过新的1787年土地法案，后进行了补充和完善，最终形成了西部土地政策和建州原则。

新领土上的建州原则很简单——前期由联邦政府派出行政官和法官管理，达到一定人数可以建立议会，再进一步发展到符合建州的标准，方可获准并被接受为美国的一个州。至于土地政策，尽管最初方案由杰斐逊提出，但最终形成的法令却体现了汉密尔顿的另一种主张，即通过销售土地实现国家资本的积累。这一政策贯穿西进运动的前期，为提升美国的国力、促进美国中西部的开发发挥了很大的作用，但同时也由于此政策使得大批向西迁移的普通农民难以获得土地，从而影响了农业的自由发展。

到了1862年南北战争时期，林肯政府顺应时势推出《宅地法》。根据该法案，一户农民或一名年满21岁的男子可以仅付出极小的代价（10美元）并耕种5年以上，就能获得不超过160英亩的土地，使得西部地区大

历史断面

西迁对印第安人的危害

美国第七任总统安德鲁·杰克逊总统一贯主张对国内的印第安部落采取强硬政策，他在任期间积极推行各项政策向西扩展。1830年，安德鲁·杰克逊政府颁布了《印第安人迁移法案》，将印第安人进行强制性隔离，这种西迁运动对整个印第安种群产生了不可估量的恶性影响。首先，印第安人自己的文明发展之路被阻断，19世纪初，一些印第安部落的文明发展程度已经相当高，有些甚至有了自己的宪法，但迁移之后他们自身都难保，文明发展更是无从谈起；其次，在迁移过程中，印第安部落之间的矛盾加剧，种族分裂，以致无力对抗白人，只能任人宰割；最后，印第安人在迁移过程中，由于白人的屠杀以及恶劣的环境等因素，大批印第安人死亡，造成了严重的人道主义灾难。

量土地得以近乎无偿地分配到农民手中，这使得杰斐逊的主张在80年后得到了实现。当然，《宅地法》在这时候通过也有现实条件和政治因素的考虑——南方联盟各州因其奴隶制度而长期阻挠土地无偿分配，在其退出联邦政府后不再成为阻力；法案的签署实施令西部地区向联邦政府靠拢并为后者输送了大量兵源，在某种意义上影响了南北战争的结局。

到美国来，向西部去

美国从一开始就是个移民国家，其建国13个州的主要人口均来自欧洲大陆，尤其是英国的移民。建国后，美国的政治制度对很多国家和地区的人产生了吸引力，而其西部辽阔的土地更令无数人梦想着到这里寻找新的生活和希望。

在美国独立的最初几个年头，这个由移民建立起来的国家并不太欢迎新的外来移民，使得世界其他一些地方的人很少有机会移民美国，因此1815年以前每年移居美国的外国人不过3000人左右。在这个阶段，西进运动的主要力量来自美国东部各州。到1810年，阿巴拉契亚山脉以西的地区已经有超过100万美国人居住和生活，占当时全国人口总数的七分之一。这些人中包括土地投机商、大小农场主、农业工人和来自南方各州的奴隶主与奴隶，还有在东部地区丧失了土地和生活来源的贫苦平民、单身汉和手工业者。他们最早来到西部，靠着自己的双手开创出一片天地，建立城镇、组织议政机构，像早期美洲移民那样自立、自治。

1815年，拿破仑战败并被囚禁，欧洲恢复短暂和平。军队的削减反而造成了大规模失业，再加上经济不景气，许多欧洲人选择向北美移民，而此时正在极力向西扩张的美国政府也改变了移民政策，开始吸引和鼓励外国移民帮助建设西部。1820年至1860年之间，美国形成了一股移民浪潮，被美国历史学家称为“伟大的人类迁徙运动”。在此期间，美国涌入了500万人的移民大军，其主体是爱尔兰人和德意志人，占移民总数的近

80%。这支移民大军涌入美国，更主要的是涌向美国西部。他们怀抱梦想和希望，更有着满腔热情和一往无前的开拓精神，同时也带来了欧洲先进的农业技术和工具，为美国西部的农业开发和发展做出了重要的贡献。

在南北战争中，许多主要是德裔的欧洲军人来到美国加入联邦军队阵营为北方而战。美国政府特别批准授予他们土地。南北战争之后，美国进入工业化时代，同样需要甚至更加需要大量的劳动力。从1860年开始的20年间，美国又迎来了500万欧洲移民。而在1881年到1920年间，这一人数猛增至2000多万。他们中的许多人也都到了美国西部，并对美国的最终崛起发挥了巨大的作用。

垦荒开路，挖河采矿

在美国人向西推进并扩张领土以前，北美大陆的中部和西部地区大多荒无人烟。除了美洲原住民的印第安人部落和极少数建在交通要道上的堡垒，那里几乎就是一片处女地。大量美国移民向西迁移，他们所到之处及择以定居的首要任务是开垦荒地、兴修农田和水利设施。短短几十年间，密西西比河两岸成为美国重要的农业产区，同时随着西进脚步的推进，更为广阔的农田开始向太平洋沿岸延伸。

有人的地方就要有交通。1828年，美国开始兴建从巴尔的摩到俄亥俄的铁路，这是美国第一条铁路，也是巴尔的摩港到俄亥俄地区的重要交通线，这条铁路足足修了28年才全线通车。又过了13年，第一条横贯北美大陆的铁路（又称太平洋铁路）竣工，首次将美国东部原有铁路网延伸到太平洋沿岸，给西进运动提供了极大方便。截至19世纪60年代，美国已建成3万多千米的铁路。进入20世纪第二个10年，美国铁路总长度已经居于世界首位。

除了铁路外，西部的公路、运河等陆上、水上交通网也得到极大发展。在美国政府的鼓励扶植下，遍布美国中西部的交通线担负起西进运动中重要的角色——这些纵横交错的公路、铁路以及连接各大水系的运河运载了大量向西迁徙的人口，同时也把西部的农产品和矿物运送出去。

《印第安人迁移法案》

西进运动是促进美国工农业发展壮大的重要动力，同时也是美国国家民族形成的重要过程。然而无论上述哪一个过程都与那些美洲的原住民印第安人无关。相反，白人移民的光辉历程掩不住印第安人的悲惨命运，对某些印第安部族来说，白人西进带来的是灭顶之灾。

事实上，英王乔治三世1763年的公告令，不仅是为了避免与法属美洲殖民地的冲突，或者方便对阿巴拉契亚山脉以西土地的控制，同时也是为了与当时居住在中西部地区的印第安人保持一种良好而适当的关系。然而在独立战争中取胜的美国人已经将自己当作美洲的主人，同时也认为山脉以西同样是美国领土，那里的土地和资源应当由美国人支配。因此，当一批批美国人跨过西进之门向内陆和太平洋沿岸挺进之际，他们与印第安人之间的矛盾也就不可避免了，而随着矛盾的累积和尖锐化，美国政府迫切需要确立原则、制定方案以“解决”印第安人这一问题。

在对待印第安人这个问题上，当时的美国人的原则是：承认印第安人在美国的居留权和对土地的使用权，但否认他们对土地的所有权。在这样一个喧宾夺主的理论基础上，为了解决实际问题，1830年5月，安德鲁·杰克逊签署通过了《印第安人迁移法案》。根据法案，美国政府得以与印第安部族签订一系列“平等自愿”的迁移条约，将印第安人迁出被美国人看中的领地。

然而这些迁移条约很难说是自愿的，许多部族受到威胁或者暴力强迫，有些条约甚至是通过屠杀实现的。据统计，美国西进运动期间有约100万印第安人遭到屠戮，那些幸存者则被驱逐到更西、更贫瘠荒凉的地方……

VISIBLE HISTORY OF THE WORLD

关键词：金矿 / 加利福尼亚 / 淘金热

高涨的“淘金热”

■ 19世纪晚期

1861 年，美国内战爆发，密西西比河航运萧条。当时，在美国西部掀起了空前绝后的“淘金热”运动。“淘金热”与美国正在进行的“西进运动”不谋而合，事实上，淘金热是美国西进运动的产物，是西进运动中极为重要的一环。淘金热的兴起对美国的经济开发、农业扩张、交通革命以及工商业发展都具有重要意义。同时，淘金热的兴起，使得西部的加利福尼亚州（简称加州）得到了快速发展，甚至，在加利福尼亚附近的圣弗朗西斯科（旧金山）也受到了“淘金热”的辐射，加速了其经济的发展。

“淘金热”与“西进运动”

随着西进运动的进行，越来越多的美国人迁移到西部。就在人口第三次大规模迁移的浪潮来临之际，美国移民马歇尔在加利福尼亚发现了金矿。

1848年1月，约翰—萨特锯木厂的木匠詹姆斯·马歇尔在加利福尼亚内华达山脉丘陵地区发现了黄金散矿。萨特担心手下工人都溜进山中淘金，而缺少劳动力，于是试图封锁消息。但到了当年5月，连旧金山的人都知道了内华达山脉拥有金矿。金矿被发现后，一些冒险商人、操纵者以

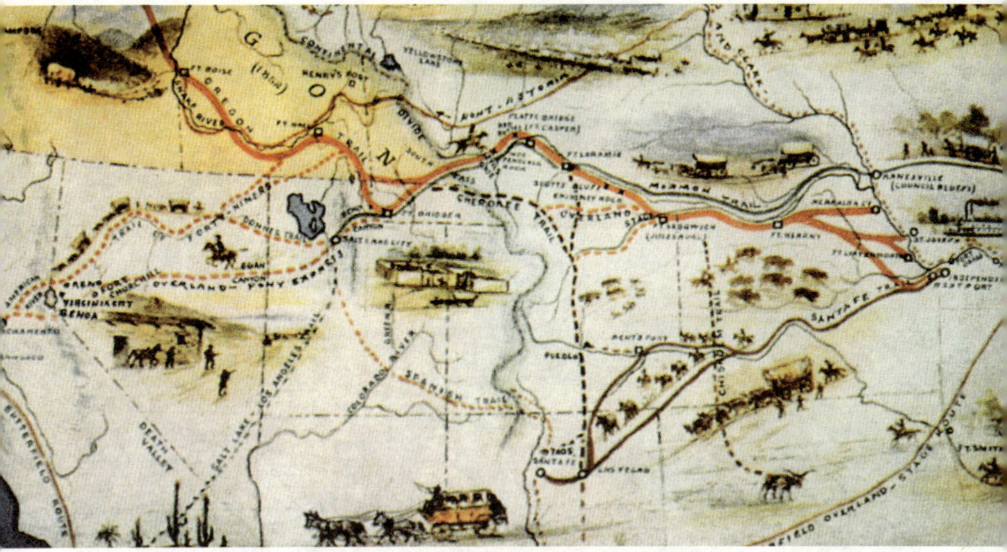

^ 加利福尼亚州发现金矿后，大批移民涌向美国西部。图为当年移民的西行线路图。

及土地投机家将发现金矿的消息扩散到全美国，引发了美国一场声势浩大的淘金热。到了夏末，美国东海岸和世界上大部分地区都知道了这个消息。几乎一瞬间，世界各地成千上万的人蜂拥而至，形成一股淘金热潮。短短4年间，当地非印第安的居民人口激增了近20倍。因此，可以说淘金热是由西进运动的发展而引发人口迁移，而淘金热也促进了西进运动的发展。

加利福尼亚发现金矿的消息传出之后，立即沸腾了整个美国，震撼了世界。在加利福尼亚的圣弗朗西斯科，几乎所有的企业都停止了营业，所有的人都开始涌向金矿的发源地。

金矿吸引了所有人的目光，农民典押了自己的田宅，放弃了农场；拓荒者停止开垦荒地，工人不再工作，甚至就连传道士也离开了布道所。总之，

^ 淘金者在河床上筛选金砂。当时金矿的所有权，没有任何规定。初期在地面上可以捡到金块，中期则主要在河床上筛选金砂，后期开始采用各种淘金技术和设备。

各行各业的人都放弃了自己的事业，甚至抛弃了家庭，来到通往加利福尼亚的船上，带着简单的行囊挤在路上。淘金之路是一条艰辛的旅程，因此95%的淘金人都是男性，没有妇女、儿童和家庭，这使得加利福尼亚的社会团体变得十分不稳定。

淘金的浪潮一直席卷到了圣弗朗西斯科北部的俄勒冈以及南部的墨西哥，成千上万的淘金者涌向了加利福尼亚，使得当地的人口剧增，一些新出现的城镇很快成了国际性的大都市。在淘金的高峰时期，整个加利福尼亚都充满着一股亢奋和贪婪的气息。有一段时间，旧金山几乎成了一座空城，因为人们都跑到山区寻找金矿去了。一度批评淘金热的城市报纸，也因此被迫停刊，因为报社既找不到员工，也找不到读者。

淘金热中诞生的Levi's

李维·斯特劳斯出身于德国巴伐利亚的一户犹太人家庭，在德国当地，由于李维一家是犹太人，深受种族歧视之苦。在这时，美国的西进运动开始为犹太人提供很多开放性政策。1847年，李维一家横跨大西洋，来到了美国纽约。李维开始自己卖货，寻找真正属于自己的生意。

19世纪50年代，在美国西部加利福尼亚发现了金矿，许多做着发财梦的人涌向那里，年轻的李维也抵挡不住黄金的诱惑，他放弃了自己的工作，成了一名淘金者。李维来到了旧金山，然而，现实并不如想象中美好，在旧金山，李维发现淘金者比金子还多，而且当地的物资极其短缺。于是，头脑灵活的李维在旧金山开了一家日用品商店，生意十分兴隆，许多商品的销售量都很好，除了那些搭帐篷、马车篷用的大批帆布。为了处理那些积压的帆布，李维试着用裁剪技术将帆布制作成低腰、直筒、

^ 李维·斯特劳斯像

臀围紧小的裤子，并出售给那些淘金的工人。由于帆布结实耐磨，这种裤子受到了淘金者的欢迎，时间长了，李维所制作的帆布裤子有了名气，成了淘金工人标榜的时尚。李维发现了其中的商机，将帆布裤子命名为Levi's，并开办了专门生产帆布工装裤的公司，这就是日后大名鼎鼎的牛仔裤。

在美国西进运动中，"淘金热"是美国大规模移民运动的产物。正是在淘金热这股浪潮中，一些手工企业慢慢在美国西部建立起来，而Levi's就是其中一个。在淘金热的带动下，诞生了旧金山这样闻名世界的国际化大都市，而在旧金山这座城里，却拥有着已有150多年历史，且享有全球声誉的著名牛仔品牌——Levi's。Levi's成为淘金热的标志，此后人们看见了Levi's，自然而然就会想到淘金热。

19世纪的淘金浪潮让美国成为冒险家的乐园，在间接促进了美国经济的腾飞的同时，也营造出进取、率性、自由的美式文化，并成为这一文化的代表，这与当时讲究精致与华丽的欧洲文化截然不同。Levi's为

淘金者浮雕

1848 年 ~ 1855 年，大约 30 万人来到加利福尼亚，除了美国人，还有来自拉丁美洲、澳大利亚和中国的淘金者。加利福尼亚的淘金浪潮是美国西部大开发的第一个高潮。

粗犷不羁的淘金工人设计的牛仔裤，后来又和西部牛仔、美国军队联系到了一起，成了渴望自由、独立、理想的新生活态度的最直接的表现。因此，从某一个角度说，Levi's牛仔裤一出现，就成了一种生活态度的象征，进而成为美式风格和欧洲大陆文化的分水岭，甚至成为美国历史的一部分。

淘金热及其影响

1848年～1851年，当第一次淘金热浪潮袭来后，由于加利福尼亚人口激增，使得当地衣食住行等各方面供应都十分紧张，尤其是服务业的发展，根本没有办法满足当时社会的需要。淘金热兴起之时，美国批发商品的价格飞涨，淘金热对美国西部经济及其市场产生了深远的影响。1854年，加利福尼亚的淘金热开始呈下降趋势，黄金产值有所下降，不过，整个采金业开始向深度和广度发展，完成了一次成功的转型。

19世纪50年代，有人又在科罗拉多发现了金矿，掀起了第二次淘金热潮，这次淘金热一直持续到19世纪70年代。在这一时期，由于所采集的矿种开始增多，到了1898年，美国一直都占据着世界最大的产金国的位置。同时，由于技术的不断发展，使得许多商人以及企业家纷纷成立采矿公司，渐渐地控制了整个采矿区。

淘金热对美国社会造成了极其深远的影响。首先，增长了社会财富；其次，带动了加利福尼亚等地区工业以及相关产业的发展；再次，由于淘金热引起大量人员涌入，从而加快了农业、畜牧业的发展；最后，采矿业还带动了西部交通运输业的发展。

关键词：西班牙 / 佛罗里达《平克尼条约》

吞并佛罗里达

▪ 1845年

16 世纪，西班牙殖民者成功占领整个佛罗里达半岛和附近地区。18 世纪后期，由于西面受到路易斯安那和美国的进逼，西属佛罗里达的面积逐渐减少。1819 年西班牙与美国签订条约，将西属佛罗里达割让给美国，以换取美国承认西班牙在得克萨斯州的利益。1845 年 3 月 3 日，佛罗里达正式成为美利坚合众国的第 27 个州。

佛罗里达的“历史变迁”

15世纪～16世纪的欧洲在经济、政治、文化上发生了巨大的变化，资本主义的崛起，民族国家的形成，以及文艺复兴、宗教改革和科学技术的发展，推动了欧洲的对外扩张和在美洲的殖民活动。葡萄牙和西班牙率先走上殖民道路，西班牙通过扩张占领了巴西以外的整个南美洲，16世纪上半叶到达新墨西哥和加利福尼亚，1565年征服了佛罗里达地区。之后，荷兰、英国、法国也开始了在美洲的殖民扩张。17世纪，法国在美洲建立了两个殖民地，即加拿大和路易斯安那。

1756年～1763年，英国和法国在美洲殖民地进行了一次长达七年的战争，战争宣告了法国在北美统治的结束，英国获得了加拿大、佛罗里达和向西直到密西西比河口的所有土地。西班牙作为英国的盟国，获得了密西西比河以西的路易斯安那和重要港口城市新奥尔良。美国独立战争爆发之后，美国力图与法国结成联盟，但法国只同意秘密帮助。1778年2月，法、美签订了同盟条约，规定"在宣布结束战争的条约或正式或一些条约或法定地保证美国独立以前，双方互相担保不放下武器"。随后，西班牙和荷兰也相继对英国宣战，1781年5月，西班牙夺得了佛罗里达的彭萨科拉。

平克尼条约

1783年9月3日，英国承认美国独立，同时，英国将佛罗里达赠予西班牙。英、美签订了条约，承认两国都有在密西西比河航行的权利；但由于西班牙并不是签字国，在战后，西班牙仍然控制着新奥尔良和密西西比河下游，从而控制了北美地区西南部，对美国的国内贸易产生了影响。1784年西班牙宣布密西西比河向一切外国人关闭后，美国经过多次交涉，直到1788年西班牙才同意美国在支付高额关税的情况下，可以在密西西比河上航行。1793年，西班牙成为法国的同盟国，有可能与英国作战，所以决定与美国建立友好关系。美国大使查尔斯·平克尼同西班牙举行谈判，1795年10月27日双方签订了《平克尼条约》。根据

查尔斯·平克尼像

他代表美国与西班牙签订了《平克尼条约》，这个条约的签订是美国早期外交史上的重大成就，对美国西部经济的繁荣、领土的扩张具有重要意义。

这一条约，美国享有在密西西比河上的自由航运权和在新奥尔良三年“存栈权”；确定北纬31°为美国的南部边界。《平克尼条约》对美国来说是一个有利的条约，它保证了美国南部的航运通道，也为美国获得美洲的西班牙领地提供了便利。

以武力夺取佛罗里达

1801年，西班牙与法国签订秘密条约，将路易斯安那赠予了法国。当时的美国总统杰克逊担心拿破仑会在美洲建立法国的殖民帝国，于是派人同法国谈判，最终以1500万美元购得了面积为210万平方千米的路易斯安那，这使得美国领土扩大了一倍，为其打开了向西扩张的通道。

1808年，美国针对法国对边界问题的暧昧解释的态度提出：西属佛罗里达包括在路易斯安那之内，要求它应与路易斯安那一起归于美国。这个要求遭到了西班牙的反对。对此，美国驻西班牙公使便以开战相威胁，西班牙丝毫不让步，还掠夺了美国的船只。美国国会还在为是否动武犹豫不决时，拿破仑在欧洲打击了西班牙，他派自己的亲兄弟约瑟夫·波拿巴就任西班牙国王，妄图将西班牙纳入法国的国土范围之内。西班牙统治陷入危机，无暇顾及北美殖民地，大批美国人开始移民佛罗里达，西班牙在佛罗里达的统治摇摇欲坠。

1810年，美国入侵西班牙所属的佛罗里达西部。1818年，又出兵侵占佛罗里达东部，对西班牙以武力相威胁，迫使对方做出让步。1819年2月22日，美国当时的国务卿亚当斯与西班牙驻美公使唐·路易斯·奥尼斯签订了《亚当斯—奥尼斯条约》，西班牙将佛罗里达割让给美国，放弃落基山以西、北纬42°以北的全部领土，也确定了路易斯安那地区与西班牙北部属地之间的边界线。这一条约，有力地削弱了西班牙在北美的势力范围，为美国提供了更便利的扩张通道。1845年3月3日，佛罗里达正式成为美国的第27个州。

VISIBLE HISTORY OF THE WORLD

关键词：门罗主义

门罗主义

■ 1822年～1823年

1815年在北美洲，仅有美国和海地两个完全独立的国家。在此后的七年时间内，南美洲陆续涌现出新的共和国。这些共和国的出现，使得南美洲的局势变得极不稳定，充斥着引起各种纠纷的可能性。这一时期任何情况都有可能发生：欧洲“神圣同盟”试图对拉美革命进行武装干涉；英、美订立协约；或者组成泛美同盟。在这一片混乱之中，出现了一个全新的概念——“门罗主义”。

拉美革命

1817年1月，拉美革命领袖何塞·德·圣马丁，率领3500人横越安第斯山，在查卡布科击败了西班

> 詹姆斯·门罗像

詹姆斯·门罗在任期间，提出了人们熟知的“门罗主义”，“门罗主义”成为美国外交政策的基石之一，是对拉丁美洲外交的行动指南。

^ 美国总统门罗和政府成员在一起讨论国事。

牙军队，智利获得解放。1818年2月，义军建立了共和国。与此同时，拉美革命的另一位领袖人物西蒙·玻利瓦尔则将革命火种传播到奥里诺科河谷以北，建立了委内瑞拉共和国。海地、智利和委内瑞拉三个新生的共和国，都在寻求美国承认它们的独立。

对于拉美革命，美国国内开始出现不同的声音，到底如何面对这些新生国家，这是美国急需解决的重要问题。美国国务卿约翰·昆西·亚当斯认为："不能预期它们会建立自由的或自由主义的政府制度……它们的习惯和一切制度都打上了军队和教会专权的烙印，内部纷争已浸透它们的根本原则。”美国政府希望拉丁美洲独立，认为这些新生的国家能为孤立的美国增加一道屏障，但是美国又不愿意冒着战争的危险去做这件事。美国的第五任总统詹姆斯·门罗（1758—1831）认为，只要欧洲不横加干涉，他们就能接受西班牙和拉美的革命者通过战争决出的结果；如果欧洲列强一定要插手拉美，那美国绝不会坐视不管。1818年，门罗向英国提议，由英、美两国同时承认这些新生共和国，但英国政府担心丧失其在拉丁美洲的利益，拒绝了这一建议。

美国不愿单方面承认这些国家，还有一个重要原因是佛罗里达问题没能解决。直到1821年2月，美国和西班牙签订条约解决了佛罗里达问题，才将注意力重新转移到拉美问题上来。而此时的拉丁美洲，秘鲁、哥伦比亚、巴西、墨西哥已经相继独立，拉美土地上仅有伯利兹（今洪都拉斯）、玻利维亚和圭亚那尚未独立。

1822年3月8日，门罗总统在致国会的一份咨文中称，拉普拉塔（阿根廷）、智利、秘鲁、哥伦比亚和墨西哥等国“完全享有它们的独立”，绝不存在这种独立“被剥夺的最遥远的前景”。随即，美国正式承认了这5个国家的独立，并与之建立了外交关系。英国驻美公使听到这个消息后，随即质问美国国务卿亚当斯：“这么说来，亚当斯先生，您是要拖英国政府下水吗？”亚当斯回答：“正是如此，先生！不久前我们曾建议你们的政府与我们一致行动，但是他们不干。现在我们要来看看你们是否愿意追随我们了。”后来，英国政府在经过多次摇摆之后，最终加入了承认拉美独立共和国的行列。

坎宁出谋

1823年，法国入侵西班牙，公开宣称这一行动在于使西班牙国王斐迪南七世摆脱自由主义者的束缚。当时谣传，法国和西班牙将组成同盟军，在“神圣同盟”的支持下，开赴拉美地区。如果这是事实的话，英国很可

乔治·坎宁像

能失去在拉美的所有利益。因此英国外交大臣乔治·坎宁说：“如果比利牛斯山塌下来了，英国一定要保住大西洋。”但是，英国该如何解决这个问题呢？

这时，坎宁的脑海里闪现了一个计划。他打算发表一项反对干涉的英、美联合抗议声明，这个声明不仅挫败了“神圣同盟”干涉拉美革命的企图，同时又保住了英国在拉美的利益，甚至造成了拉美各共和国之间的矛盾。为了实现这一目标，1823年8月16日，坎宁向驻伦敦的美国公使理查德·拉什提了一个问题：“对于与英国一起共同警告法国不得干涉拉美有何意见？”三天以后，拉什以美国政府的名义提出建议：如果英国立即承认拉美的新共和国，美国就参加英国反对干涉的抗议。

坎宁的建议很快传回美国，门罗总统将这个建议的副本分送给了前总统杰斐逊和麦迪逊，并在附信中表示，美国可能接受坎宁的建议。80岁高龄的杰斐逊给门罗回信说：“美洲有一套不同于欧洲的利益，是美洲自己所特有的。所以，它应当有它自己的体系，与欧洲的体系完全不同……有一个国家（指英国）特别能够妨碍我们此种事业，而它现在要求在这方面来引导、帮助并伴随我们。对于它，我们应当十分用心地培养出一种友情，没有任何东西比为了共同目的并肩作战更能团结我们的友情。”这无疑是对坎宁建议的支持。另一位前总统麦迪逊也发来了同样的意见。

亚当斯划策

对于美国国务卿约翰·昆西·亚当斯来说，坎宁的建议令他极为吃惊，心中充满疑虑。亚当斯非常清楚，现在的拉美并不存在武装干涉的危险，而且英国完全有能力依靠其海军能力阻止武装干涉。因而，亚当斯认定坎宁的建议充满玄机。

1823年11月7日，在内阁会议上，亚当斯声称：“与其充当一只小艇尾随英国战舰混进去，不如向俄国和法国公开申明我们的原则更为坦率，而且也更有尊严。”在亚当斯看来，这些问题牵涉了欧洲和美洲未来的关系。此前，他曾经领教过俄国沙皇亚历山大一世关于“神圣同盟”的说教。亚当斯清楚美国政府面临着下面几个问题：首先是英美合作的建议，其次是欧洲干涉拉美的谣传，再次是俄国的殖民扩张已经影响到了美国的利益，最后是沙皇俄国已经着手干涉拉美的新生国家。这些问题虽然美国政府可以立即答复，但是亚当斯说：“我指出，不久前从俄国公使手里收到的通知……照我看来是为我们提供了一个适当而又方便的机会，使我们可借此采取反对‘神圣同盟’的立场，并在同时拒绝大不列颠的建议。”

门罗咨文的发表

亚当斯的建议在当时来说对美国是最为有利的，但实施起来却并非如此。美国内阁中有人希望听从坎宁意见，甚至不惜放弃古巴和得克萨斯。门罗在这两种意见之间摇摆不定，它一方面对“神圣同盟”有所畏惧，另一方面又想确立美国的国际声誉。这种观点受到了亚当斯的坚决反对，在内阁会议上，亚当斯花了两天时间才说服了总统门罗。

1823年12月2日，美国总统门罗在年度咨文中提出了著名的“门罗主义”观点。归纳起来，“门罗主义”有以下两个方面的内容：第一，积极性的原则：（甲）“今后欧洲任何列强不得把美洲大陆业已独立自由的国家当作将来殖民的对象。”（乙）“同盟各国（指“神圣同盟”）的政治制度……与合众国是基本不同的……我们认为列强方面把它们的政治制度扩展到西半球任何地区的企图，对于我们的和平和安全都是有危害的。”第二，消极性的原则：（甲）“我们没有干涉过任何欧洲列强的现存殖民地和保护国，将来也不会干涉。”（乙）“欧洲各国之间为它们自己的事情发生战争时，我们从没有参加过，因为那样做是与我们的政策不合的。”

门罗的这份咨文发表之后，引起强烈反响。但是，门罗的反对者们则说，他的这份咨文仅是一篇宣言，因为欧洲的干涉已经被英国海军的武力

^ 美国国务卿约翰·昆西·亚当斯

约翰·昆西·亚当斯 20 岁就成了有名的外交官，曾出使欧洲多年。1817 年门罗总统上台以后，他被任命为国务卿，曾协助起草《门罗宣言》，解决与英国的许多纠纷，从西班牙手中取得佛罗里达，被认为是美国历史上“最有成就的国务卿之一”。

威慑制止。况且只有国会才有权宣战，总统的一纸声明是不能绝对保证拉丁美洲的独立的。尽管如此，门罗咨文在其中仍发挥了重要作用。在这个“门罗主义”形成过程中，国务卿亚当斯功不可没。亚当斯为美国外交政策树立了一个典范，并将它牢固地植根于国家战略中。

VISIBLE HISTORY OF THE WORLD

关键词：关税 / 反对国家银行

“老核桃树”安德鲁·杰克逊

▪ 1767年～1845年

安德鲁·杰克逊是美国历史上第一位平民出身的总统，他在任期间和民主党人所采取的行动，在美国历史上产生了较深远的影响。南北矛盾在关税问题上甚至造成了联邦与州在权力结构上的危机，杰克逊采取对策化解危机，维持了联邦的统一。杰克逊的成就，在历史上被称为“杰克逊民主”。

“老核桃树”入主白宫

^ 印有安德鲁·杰克逊头像的1美元硬币

安德鲁·杰克逊于1767年出生于北卡罗来纳地区，父母是北爱尔兰的移民。他在田纳西州长大，通过自学法律当上了律师，逐渐成为拥有大量土地、奴隶和纯种良马的农场主。杰克逊在政治上的崛起与军事有很大的关系，而军事上起家则沾满了印第安人的鲜血。他被视为边疆的英雄，因性格刚毅、固执而被部下称为“老核桃树”。

1829年，杰克逊在卡尔霍恩、范布伦等人的支持下，赢得总统大选。3月4日，杰克逊穿着一套黑色服装从加兹比旅馆里出来，在几个朋友陪行下，来到国会大厦，宣读了总统誓词和就职演说。他的施政纲领可以总结为一句话：“联邦宪法必须遵守，州权必须保留，我们的国债必须偿还，不征直接税，不举债，以及保全联邦。这些就是我意想中的目标，不计后果如何，决心付诸实行。”

^ 安德鲁·杰克逊像

安德鲁·杰克逊是美国历史上少有的平民出身的总统，他是民主党的创建者之一，杰克逊式民主因他而得名。他还因做法强硬而知名。

关税之争

杰克逊上台之初信心十足地要妥善处理关税和州权问题，万万没料到的是关税和州权在他手中演变成了一次严重的政治危机。关税这个原本在美国立国之初并不起眼的东西，经过40年的发展，已经成为一个强有力的经济支柱。但是南北双方对于关税则有不同的看法。1828年，杰克逊推出的新关税法案，受到了南方各州的强烈反对，反对最为激烈的是南卡罗来纳州。南卡罗来纳州的种植园主们认为，杰克逊的保护关税和“国内改进”是为了向南部抽税以利于北部而设想的诡计。他们联合起来，要求限制联邦政府的权力。

在南卡罗来纳州哥伦比亚市召开的一个反关税法大会上，南卡罗来纳学院院长库柏质问：“北部

1829 年 3 月，上千名美国民众在华盛顿观看总统安德鲁·杰克逊发表演说宣誓就职。

硬要充当我们的主人，我们则被要求充当他们的纳贡者，这种各州的联合还值得我们继续维持下去吗？”这种问题，无疑是对联邦政府权力的一种挑衅。此后，南卡罗来纳州议会先后召开了8次会议，谴责1828年的关税法。来自南卡罗来纳州的副总统卡尔霍恩，在匿名撰写的一份名为《南卡罗来纳申论》的文件里提出了所谓的“国会法令废止权”。其所依据的是两个基本原理：第一，《联邦宪法》是各州之间的一项契约；第二，主权不可分割、不可破坏，《联邦宪法》是由13个主权州制定的。1787年时这些州是主权者，1828年时必然仍旧是。作为主权者，它们有权在联邦政府越权时做出判断。

卡尔霍恩作为撰写人，在当时是保密的。他劝告南卡罗来纳州保留国会法令废止权暂不使用，希望杰克逊总统降低关税。但是，杰克逊对此毫不关心。相反，在范布伦的主导下，1828年关税继续实施。与此同时，另一场新的斗争正在拉开序幕。

韦伯斯特—海恩大辩论

西部公共土地如何出售，在当时的美国也是一个棘手的问题。并且南部各州和北方各州在这一问题上依然存在分歧。1830年，杰克逊政府出台了一个关于西部公共土地的《优先购买法案》。亨利·克莱提出出售土地所得到的收入，将分配给各州，以供兴建办公共设施和教育的费用，并对售地所在的州予以额外的补贴。

1829年12月29日，康涅狄格州参议员富特提议，应该由国会制定停止出售公共土地的临时措施。这一提议受到了密苏里州参议员本顿的斥责，从而致使南卡罗来纳州参议员海恩为富特"打抱不平"，在国会进行了针锋相对的演讲。演讲的内容除了公共土地问题外，还涉及了关税税率、废止国会法令问题、奴隶制问题等。1830年1月26日，马萨诸塞州的丹尼尔·韦伯斯特对海恩进行答辩，形成了会议的高潮。

在答辩中，丹尼尔·韦伯斯特穿着缀有黄铜纽扣的蓝色燕尾服，演说时慢条斯理，从容不迫，滔滔不绝，态度文雅，声调激昂，情绪紧张时就引用典故或讲逗笑的趣话来缓和气氛。

> 丹尼尔·韦伯斯特像

他是美国著名的政治家、法学家和律师，曾三次担任美国国务卿，一生政治观点多变灵活，曾被评选为"最伟大的五位参议员"之一。

他列举的事实完全压倒对方，批判了“南卡罗来纳理论”，最后得出了不朽的结论：“这个共和国的如今已被全球熟悉和尊敬的灿烂国旗依然在迎风飘扬，它的徽饰光彩四射、绚丽如初，没有一道横条被抹掉或遭污染，没有一颗星星晦暗不明。它所传承而成为它的格言的，不是‘这一切价值何在’之类不像样的疑问，也不是‘自由在先，联合在后’那类骗人的鬼话，而是另外一种感情。它不论是飘扬在海上还是陆上，在整个天宇下面每一阵和风之中，处处总是以它所有那些众多的皱褶上面闪闪生动的光辉为文字，将每一个真正的美国人衷心感到亲切的那另一种感情传遍各地：自由加上联合，现在以至永远，合一而不可分。”

韦伯斯特的答辩立刻打动了总统杰克逊，他原本自命为州权派，但对国家主权从未置疑。可是，副总统卡尔霍恩却认为可以得到杰克逊的同情。1830年4月13日，在纪念杰斐逊诞辰的宴会上，卡尔霍恩实施了拉杰克逊入伙的计划。可是出乎意料的是，杰克逊祝酒时，这位老军人盯着卡尔霍恩，讲出一句挑战的话：“我们的联邦——必须保全！”卡尔霍恩回

历史断面

政党分赃制

杰克逊在美国政治体系中引入了政党“分赃制度”，他在当选总统后撤换联邦官员，代之以自己的支持者与友人。政党分赃制就是竞争获胜的政党，将行政职位分配给本党主要骨干的做法。由于政党分赃制任人唯亲，不问其是否胜任，其官员随所属政党的胜败而进退，因此造成用人不当，行政效率低下，政府浪费严重，官吏贪污舞弊，党派倾轧，政争激烈。每一次选举后便发生一次人事大变更，使行政管理混乱，政治不稳定。这种弊端使美国公众越来越不满，迫切要求改革这种制度。美国国会于1883年通过《彭德尔顿法》，实行功绩制，政党分赃制废止。

应道："联邦——次于我们最可贵的自由！"

与卡尔霍恩的交锋

要战胜卡尔霍恩，杰克逊必须改组内阁。1831年夏，在总统劝说下内阁全体辞职，政府摆脱了卡尔霍恩的势力。来自西部的刘易斯·卡斯出任陆军部长，北部的罗杰·塔尼当了总检察长。杰克逊的新内阁完全由北部和西部人组成，准备对付卡尔霍恩领导的国会法令废止派。

^ 安德鲁·杰克逊画像

杰克逊为了进一步取得西部的支持，1832年7月14日，国会通过了一项新的关税法案，取消1828年税率中的某些"可憎的规定"，但生铁和纺织品的高关税仍旧保留，这不啻是对南卡罗来纳的一种挑战。1832年11月24日，南卡罗来纳州议会宣布新关税法案"未经合众国宪法授权……因而无效，对本州及本州官员或公民均不成为法律，亦不具有约束力"。这一公告禁止联邦官员以后在南卡罗来纳州境内征收海关关税，甚至以脱离联邦相威胁。

杰克逊总统迅速采取预防措施，以维护国家法律。12月10日，总统发布了《告南卡罗来纳人民书》。他指出："一州拥有废除合众国某项法律的权力，与联邦的存在是水火不相容的，与宪法的文字明显抵触，为宪法的精神所不许可，与宪法所基于的各项原则格格不入，对宪法之所以形成的目标来说则是毁灭性的。”这一纸文告并没有吓退南卡罗来纳，州议会对“杰克逊王”表示不服从，并招募了志愿军来保护本州以防“侵略”。

杰克逊很懂得恩威并用，为了迎合卡尔霍恩派降低关税税率的要求，于1833年3月2日签署了《妥协税率法案》，同时还签署了《动用军队法案》。前者规定逐步降低全部税率，使之在10年内达到按价征20%；后者授权总统在司法程序受到阻挠时使用陆军和海军来征收关税。很快，南卡罗来纳议会召开会议，接受了《妥协税率法案》，撤销了废止国会法令公告。

每一方都自称得胜，高举大旗离开了战场。双方似乎都由于这场争斗而获得了新的力量。杰克逊看出，从废止国会法令再往前走一步便是分离。他预言道：“下一次的借口将是黑人问题或奴隶制问题。”

反对国家银行

1832年总统选举，杰克逊再次当选。他是美国历史上唯一一位以较低的普选票百分比而当选连任的总统。这次他面临的最大问题是国家银行的存废。自1819年以来，国家银行一直经营得很好，但它在南部和西南部不得人心，其银行许可证的有效期截至1836年，只有重新颁发许可证，国家银行才能继续经营，而杰克逊认为金钱势力是民主制最大的敌人。这样一来，杰克逊的意见就成为焦点。

国家银行行长尼古拉斯·比德尔相信，杰克逊不敢在选举年冒险使国家银行成为问题，于是他要求提前颁发新证，从而触发了一场“战争”。1832年7月3日，杰克逊否决了国会表决通过的《重颁许可证法案》。他宣称这是对州权的违宪侵犯，他反对国家银行这样一个垄断组织继续存在。

杰克逊决定不仅要否决《重颁许可证法案》，更要剥夺国家银行的联邦存款。1833年10月1日以后，不再有任何政府款项向国家银行存放了。

比德尔不甘于束手待毙，他紧缩银行贷款，来显示国家银行对于维护财政稳定的重要性。但事与愿违，比德尔的措施导致金融恐慌、工人失业和债券面值下跌，使通货混乱更加恶化，加速了恐慌的到来。

面对通货混乱，杰克逊发布《使用硬币通告》，命令财政部在出售公共土地时，不得接受“可折益的货币”，只收黄金和白银。至此，反国家银行的斗争宣告结束。关闭国家银行造成的真空状态，直到1913年建立了联邦储备制度才得以填补。

杰克逊认为任何私立机构都不应当拥有太大的不受管束的权力，然而关闭国家银行，致使华尔街的金融家们借着私立银行大发横财却是他没有考虑到的。1845年6月8日，杰克逊在家乡田纳西州安然去世。

杰克逊骑马雕像

这座雕像位于杰克逊广场，杰克逊身挎战刀，英姿飒爽；战马前蹄跃起，对天嘶鸣。

VISIBLE HISTORY OF THE WORLD

关键词：印第安人 / 压迫 / 西迁 / 反抗

“血泪之路”与黑鹰战争

■ 1812年～1835年

杰克逊总统当政时期，西进运动逐渐走向高潮，移居西部的白人与印第安人的关系日趋紧张。为了最大限度地获得土地，消除印第安人对白人西部开拓的抵抗，杰克逊政府采取了驱赶和屠杀印第安人的血腥政策，大量的印第安人放弃了土地权利，被迫迁徙到更为遥远的地区。在迁徙的过程中，印第安人历尽磨难，他们的迁徙之旅被称为“血泪之路”。虽然印第安人也曾对残暴政策进行过反抗，但终不能改变其悲惨的命运。

1812年之前的印第安人管理政策

长期以来，北美印第安人都处于受剥削、受压迫的地位。早在殖民地时期，通过“菲利浦国王之战”，新英格兰的印第安人就被消灭殆尽。在1660年的埃索普斯战争中，特拉华族又被荷兰人赶出殖民地。1776年，南部移民与印第安人发生战争，印第安人又被迫让出弗吉尼亚境地的皮得蒙高地。独立战争期间，多数印第安人由于深受殖民地居民忘恩负义和掠夺屠杀之苦，选择支持英国，战争期间，印第安人锐减，南北卡罗来纳和田纳西东部的切罗基人居住区被夷为平地，印第安易洛魁联盟（居住在纽

^ 19世纪初，美国白人不断掠夺印第安人的土地。上图为美国军队残酷镇压印第安人的反抗。

约、俄亥俄和加拿大魁北克的印第安五大部联盟）也被摧毁。战争结束后，英国人一走了之，印第安人却只能留在美国任人宰割。

从独立战争结束到1812年战争之前，为了拥有一个和平安定的发展环境，美国历届政府都采取了以同化为前提的政策，通过小规模的战争，迫使印第安人签订不平等条约，获取他们的土地。为了加强管理，美国政府还建立了相关的组织结构，宣布只有国会才有权“管理贸易和处理有关印第安人的一切事务”。1786年，陆军部长被授权管理印第安事务。1796年，国会通过立法，开始实施“代理处制度”，即美国陆军部建立货栈，印第安人只有利用皮毛等与货栈建立贸易，才能换取生活必需品，通过贸易控制印第安人。

即使如此，以上立法也只是遮人耳目的手段。

美国各地区总是以各种各样的理由打击印第安人。如1794年，安东尼·韦恩上校在“倒树之战”中打败俄亥俄州的印第安人，强迫他们签订《格林维尔条约》，迫使他们让出整个俄亥俄州的土地，交出在水上交通中有重要意义的16个贸易据点。从1795年到1809年，西北领地的印第安事务长官兼印第安纳领地总督威廉·亨利·哈里森，通过小规模的军事打击，迫使西北领地印第安人让出4800万英亩的土地，并在1811年的“蒂普卡努之战”中，将印第安人赶进沼泽地。1813年，还通过“泰晤士河战役”消灭了肖尼族，瓦解了由肖尼、特拉华、迈阿密、渥太华、奇普瓦和波塔瓦托密人组成的西北地区印第安人联盟。

特库姆塞像

特库姆塞是北美肖尼族酋长，痛恨白人的扩张，以其骁勇善战，试图在中西部地区组建印第安部落联盟。

杰克逊与印第安人

西南领地的印第安人则在时任将军的安德鲁·杰克逊的军事打击下连遭厄运。杰克逊担任田纳西州民团司令时，在对印第安克里克族的战争中狠辣无情。1812年战争期间，这个印第安人部族在特库姆塞的鼓动下，攻占了莫比尔北面的米姆斯堡，剥取了约250个白人的头皮。杰克逊在听到这个消息后，不到一个月，率领了2500名民兵和一支由绰克托族等印第安人组成的辅助部队，进攻克里克族。1814年春，在托荷皮卡河（亦称塔拉普萨河）马蹄湾的战斗中，克里克族被杰克逊击败，557名印第安人血染疆场，杰克逊仅损失了26人。在这次战役后，杰克逊同克里克族印第安人订立的条约，为白人移居开辟了一片广阔的领土——亚拉巴马州大约2/3的地区。

1812年第二次独立战争之后，为了彻底控制印第安人，美国政府开始考虑强迫迁移的政策，将印第安人赶出土地肥沃、资源丰富的地区。杰克逊一直主张将印第安人驱赶到美国疆界以外去，为美国人开拓疆土扫清道路。他在第一次国情咨文中提出，居住在佐治亚和亚拉巴马的印第安人“要么迁移到密西西比河对岸去，要么服从这些州的法律”。这个咨文流露出了杰克逊驱逐印第安人的意图。1830年5月，国会通过了美国历史上第一个印第安人迁移法案，这一法令成为驱赶印第安人的法律依据。驱赶印第安人的“文明”方式是与之签订条约。政府官员、土地投机商、迁移承包人等联手，采用种种手段威逼利诱印第安人，条约在这样的背景下被签订了。杰克逊当政的8年，美国政府与印第安部落签订94项条约。根据这些条约，印第安人离开故土，被迫西迁。

切罗基人西迁

杰克逊政府表面上称要执行人道、公正、开明的政策，保证印第安人迁移自愿进行。但实际远非如此，各种丑闻时有发生，印第安人吃尽了苦头，被屠杀或虐待致死者不计其数。最能反映杰克逊时期印第安人苦难的，莫过于切罗基人的西迁。18世纪末，切罗基人离开了世代相传的狩猎地，迁居佐治亚州西北部山区。1791年，美国政府与他们签订条约，保证他们永远占有那些山地。然而到了1828年，自从当地发现金矿后，白人的入侵开始了。佐治亚州政府极力践踏印第安人的权利，并使尽一切手段迫使切罗基人继续西迁，对于这一切杰克逊政府则听之任之。得不到政府保护的切罗基人则以消极拖延的方式拒绝西迁。1835年，联邦政府诱使少数被收买的部落首领签订了迁移条约，这个条约遭到了大多数切罗基人的反对。1837年，温菲尔德·斯科特率领正规军和数千名民兵强制切罗基人迁移，在去俄克拉何马的路上，军人和民兵对切罗基人频频施暴，百般虐待，加上严酷的自然条件，饥饿、严寒、疾病和暴虐使无数切罗基人死于非命。迁移的1.8万名切罗基人中，至少有4000人死亡。美国作家爱默生说："自从大地开创以来，从未听说过在和平时期，以及在一个民族对待自己的同盟者和受监护人时，竟然如此背信丧德，如此蔑弃正义，并对于乞求怜悯的悲鸣如此置若罔闻。"切罗基人的西迁之路，是一条名副其实的"血泪之路"。

黑鹰战争

杰克逊政府的印第安人政策，激起一些印第安部落的强烈反抗，其中最大的两次反抗斗争是1832年的黑鹰战争和1835年的第二次塞米诺尔战争。1831年，定居在伊利诺伊州罗克河河口的索克人和福克斯人，由于白人的不断涌入和武力威慑，被迫迁移到密西西比河以西的密苏里。在这里，他们面临着食物短缺的危机，又受到其他部落的威胁。1832年，在首领黑鹰的率领下，他们重返故地。黑鹰的返回，在伊利诺伊居民中引起恐慌，杰克逊命令正规军和民兵追剿黑鹰率领的部落。黑鹰率部进入伊利诺伊高地荒野，同美军士兵展开激战。由于长途迁徙，饥饿疲乏，黑鹰抵挡不住正规军的进攻，率部再次退往密西西比河西岸。在渡河的时候，美军开始了惨无人道的屠杀。印第安人死伤甚众，妇孺也无法幸免，黑鹰本人也受伤被俘。

第二次塞米诺尔战争

在佛罗里达，印第安人首领奥西奥拉率领塞米诺尔人，为反抗迁徙，与美军作战。1835年12月，奥西奥拉杀死了多次胁迫印第安人迁移的政府代理人，随后率数百名部落战士在沼泽地带与政府军周旋，采用游击战术，神出鬼没地打击美军，迫使美军不敢采取大规模进剿行动。后来美军用背信弃义的方式，俘虏了奥西奥拉。这场历时8年的战争，使美国政府付出了沉重的代价，耗资近2000万美元，死伤官兵一千五百余人。

印第安人的反抗虽然阻止不了白人和政府的侵夺，却充分显示出他们不甘屈服的英勇气概。杰克逊的印第安人政策遭到了社会各界的批评与谴责。他们指出，杰克逊政府将印第安人送到西部的荒野，无异将他们推向死亡，乃是对文明的一种亵渎。全国有些地方还举行了群众集会，谴责对印第安人的政策，并支持印第安人向最高法院上诉。不过，当时美国处于开发西部的高潮期，人们希望获得新的土地，同时受种族主义的影响，将印第安人视为西进的障碍，支持政府的倾向是社会主流，相比之下，对印第安人的同情则显得软弱无力。

塞米诺尔战争中，美国军队在树林中搜寻印第安人。

VISIBLE HISTORY OF THE WORLD

关键词：黑奴 / 废奴主义者 “地下铁路”

废奴运动

■ 1831年～1863年

奴隶制是美国建国之初的一个“历史遗留问题”，它因新大陆独特的开发环境而兴起，又在资本主义工业化的大潮中日渐式微，最终通过一场血与火的战争之后废除。在这一存一废的过程中，奴隶问题又捆绑上了宗教道德、政治冲突、经济纠纷与地域矛盾，变得极为敏感，甚至一度成了政客的禁脔。所幸美国还有一群秉持了建国之初理想主义情怀的人，用他们的虔诚、执着、热情与牺牲，终究掀起了一场轰轰烈烈的废奴运动，在他们造起的舆论大势下，让这一反人类的野蛮走向了历史的终结。

黑暗的开发史

自哥伦布发现新大陆以来，来自欧洲的殖民者前赴后继地涌向美洲大陆，开垦土地、挖掘矿产、打猎经商，试图在这片美丽丰饶的土地上实现大发横财的人生梦想。然而坐船来的白人毕竟还是少数，但是殖民地开发又需要大量的劳动力，殖民者就把目光盯上了当地的土著，结果这些不幸的原住民很短时间内就在屠杀、奴役和殖民者带来的传染病的多重摧残下人口凋零，这是白人在殖民过程中所犯下的罄竹难书罪行中的第一笔。

^ 南方棉花种植园场景

南方的棉花种植园需要大量的劳动力，大量的黑人奴隶填充了这一劳动力需求，黑奴可以被种植园主随意处置，过着非人的生活。

眼见美洲文明被毁灭殆尽，白人殖民者得出的冷酷结论竟是当地土著不堪劳役。在利益的驱使下，急需劳动力的他们又把目光投回了旧大陆，撒哈拉沙漠以南的非洲黑人在长期艰苦的生存环境中锤炼出了强健的体魄，又能适应美洲炎热多雨的气候，结果就给自己的民族招来了无妄之灾。欧洲的奴隶贩子们像闻到了血腥的苍蝇一样驾着船南下，起先是葡萄牙人， 后来是英国人，在非洲大陆或拐或骗，将一船船的黑人贩往新大陆牟取暴利。由于社会发展程度低下，非洲对这种人口掠夺的行为几乎毫无抵抗能力，甚至有利欲熏心的当地酋长还与贩奴者勾结起来，派人四处掳掠自己的同胞出售，以换取白人带来的火枪、甜酒和不值钱的玻璃制品，久而久之甚至形成了“三角贸易”这种从头到脚都透着肮脏的产业链条。殖民地和欧洲沿海都因此而兴旺发达，只有可怜的黑人奴隶在大西洋的死亡航路与新大陆暗无天日的劳作中吁天无门，用血泪敲下了美洲黑暗的开发史。

^ 废奴主义者哈莉特·塔布曼

塔布曼本人是一个逃跑的奴隶，她逃亡后不久即加入帮助奴隶逃亡的“地下铁路”组织中，协助数百名奴隶逃出南方。美国废奴主义运动的领袖约翰·布朗称她为“塔布曼将军”。

根据估算，在新大陆被发现后近400年的历史中，非洲大约损失了一个亿的人口，而由于贩奴船上恶劣的环境，这其中能活着到达美洲的黑人往往十不存一。可以说，死亡黑奴的累累白骨铺满了大西洋的航路，这是人类历史上最肮脏、最卑劣的一幕。

到达美洲后，黑奴们被像牲口一样打上烙印，驱赶到市场任人挑选、贩卖，在这里他们没有人身自由，只是会说话的商品，一旦逃亡则会遭到严密的追捕和酷刑待遇。热带种植园和矿坑是绝大多数奴隶的归宿，恶劣的环境、劳作的艰辛使很多人活不过10年就悲惨死去，然后又有从旧大陆新贩来的同胞来补缺，继续这黑暗的死循环。

起初，黑奴主要在巴西和西印度群岛的甘蔗种植园劳作，北美开发后，新兴的烟草、染料和棉花种植业同样需要大量的人手，碰巧英国人也是最大的奴隶贩子，很快黑奴就被引入北美南部的几个殖民地，独立战争前夕，英属北美殖民地奴隶约有50多万人，占当时总人口的1/6，到了南北战争前夕，因为棉花种植的兴旺发达，南部黑奴人数竟然发展到了395.3万之多。他们不被允许识字，不得积蓄财产，孩子长大被卖往他乡，劳作一生，老无所依，生而为人，奴役至死，黑人奴隶们要怎么摆脱这悲惨的宿命？

废奴人在行动

至18世纪末19世纪初，通过工业革命飞黄腾达的欧洲各国感觉贩卖黑奴这种资本主义原始积累时期的丑事不能再继续了，转而开始禁止奴隶贸易。1806年，英国议会率先通过一项法令，禁止英国奴隶贩子把奴隶运到外国殖民地和美洲各国；还禁止从英国的港口发出外国的奴隶船。同年6月10日和14日，议会两院又分别通过了一项废除非洲黑人奴隶贸易的法令。这项法令宣布："英国国王陛下决定，从1807年1月1日起，绝对禁止非洲奴隶贸易，绝对禁止以任何其他方式买卖、交换与运输奴隶和那些准备在非洲海岸或非洲任何地区出售、运输或作为奴隶使用的人，绝对禁止把上述人输进和输出非洲，上述活动均宣布为非法。"其他欧陆诸国也纷纷立法跟进，这样，欧洲大陆禁止了黑奴贸易。

然而到了奴隶输入地的美国，因为有强大的南方种植园主势力的存在，禁绝黑奴贸易推行得并不理想。虽然1807年美国议会通过了一项从1808年1月1日起禁止把奴隶输入美国国土的法令，但是由于南方的抵触，奴隶走私贸易十分猖獗，各地的奴隶市场也十分兴盛，黑奴妻离子散、家破人亡的惨剧依旧在不断上演。

然而这毕竟已经到了人类文明进步发展的19世纪，任何有良知的美国人看到奴隶制这种野蛮落后的制度还

> 威廉·劳埃德·加里森

加里森是美国19世纪中叶著名的废奴主义者和社会改革家。他身兼一家激进的废奴主义报纸《解放者报》的主笔和总编，是美国反奴隶制协会的创办人。他提出了"立即解放奴隶"的口号，还是妇女解放运动和反对美国排华法的喉舌。

^ 黑奴在甘蔗地里工作，白人农场主在一旁冷冰冰地监督着，黑奴每天的劳动时间长达18个小时。

存在于国土的时候都无法无动于衷。当奴隶贩子们冒天下之大不韪公然悬挂美国国旗将一船又一船黑奴私运来美国南方的时候，废奴运动也在美国北方迅速兴起。

当时美国北方发生了“第二次宗教大觉醒运动”，富于清教徒传统的美国人从神学角度开始审视奴隶制的罪恶，认为是与教义相抵触的，废奴则是社会完成自身救赎的重要标志。因此许多基督教牧师、传教士在布道时公开反对奴隶制，在信徒中以及社会上形成广泛声势，推动了废奴运动的发展。

与此同时，一些知识分子、作家、社会活动家等也大声呼吁，号召废除奴隶制，组织了各种废奴主义团体。其中威廉·加里森是这一运动的领袖人物，加里森是著名的废奴主义者、新闻记者和社会改革家，是“美国人废奴协会”的创始人之一。1831年，加里森创办了一份主张废除黑奴制度的报纸，名为《解放者》。在创刊号上，加里森明确表达了他废奴的激进态度，“我不愿温文尔雅地思考、讲话或做文章……我真心实意，我绝不含糊其词，我绝不推诿，我绝不后退一步——我要让人们听到我的声音。”

《解放者》的出版以及加里森的激烈言论，引起了南方奴隶州的不满。北卡罗来纳州大陪审团曾控告他分发煽动性材料，佐治亚州立法机构甚至悬赏5000美元捉拿他归案受审。

加里森以及其他许多白人废奴主义者比如韦尔德的言论，犹如激情的传教者，唤醒了北方人，使他们认识到被许多人长期以来视为不可改变的制度的罪恶，看到废除奴隶制的必要性与紧迫性。

《为奴十二年》与《汤姆叔叔的小屋》

在轰轰烈烈的废奴运动中，有一种作用重大、社会反响强烈的宣传手段是不能不提的，那就是有关废奴主义的文学作品。这既包括逃亡黑奴根据亲身经历写的自传类作品，也有知识分子创作的催人泪下的小说。

其中前者的代表作是所罗门·诺萨普的《为奴十二年》，其改编的同

^ 保罗·卡菲夫妇（他们分别在拄拐杖先生的旁边和右边车辆的最高处）帮助奴隶逃亡，他们的家庭被称为“地下铁路的中央车站”，曾经协助了成千上万的奴隶逃亡。

名电影获得过2014年奥斯卡最佳影片奖。诺萨普原本是住在纽约的自由黑人，受过教育且已婚，是一名木匠和小提琴乐手，在一次前往首都华盛顿演出时，遭到诱拐绑架，沦为路易斯安那州的一名黑奴，经历了12年难以想象的黑暗生活，最后靠一个好心的加拿大人帮忙送信回家，经过一场诉讼，重获自由。回到北方后，诺萨普于1853年出书描述为奴12年的经历，揭露了奴隶制弊端，引起轰动。

诺萨普等逃亡黑奴的悲惨遭遇加快了帮助黑人逃亡的“地下铁路”的建设，废奴主义者通过这种隐蔽的方式，经由秘密的路线和食宿站，指引和协助大批黑人奴隶逃离南方。到美国内战爆发之前，估计至少有6万人因此获得自由。而到了斯托夫人《汤姆叔叔的小屋》出版时，则将黑奴文学推向了一个高峰。

《汤姆叔叔的小屋》于1852年出版，出版当年便成为畅销书，在美国国内售出30万本，在英国售出100万本，成为19世纪除了《圣经》以外最畅销的书。作者斯托夫人用文字展现出了奴隶制度的罪恶，几乎在小说的每一页里，斯托夫人都在积极推动着“奴隶制度不道德”这一主题，尤其是通过对黑奴制度拆散他人家庭的刻画揭示出“奴隶制的最可怕之处就在于对感情和亲情的践踏——拆散人家的骨肉。”

《汤姆叔叔的小屋》出版后，引起舆论激烈争论，许多拥护奴隶制度的人认为这部小说用夸张的手法丑化奴隶制度，无法令人信服。为此斯托夫人于1853年特别出版了《<汤姆叔叔的小屋>之资料》，罗列当时已经出版的各种黑奴自传作品，证明自己所写的小说不是出于杜撰或歪曲事实，以此证明《汤姆叔叔的小屋》对奴隶制描绘的真实性，提到了他们在“现实生活中的原型”，并同时对南方的奴隶制度进行了“比小说中更为凌厉的攻击”，这本书出版一个月后就卖出9万本，又一次成为年度的畅销书。

v 斯托夫人像

她创作的《汤姆叔叔的小屋》称得上是轰动世界的醒世之作。

斯托夫人所写的《汤姆叔叔的小屋》对废奴运动的发展影响深远，甚至被认为在某种程度上导致了南北战争，后人常喜欢引用的经典是林肯在南北战争爆发初期会见斯托夫人时曾说的“你就是引发了这场大战的小妇人啊”，虽然许多历史学家及文学研究者认为林肯未必说过这句话，但这也说明了《汤姆叔叔的小屋》所产生的巨大社会影响力。

VISIBLE HISTORY OF THE WORLD

关键词：领土 / 扩张 / 战争

美墨战争

■ 1846年～1848年

美国现在的领土面积约为 937 万平方千米，比起立国之初的 13 个殖民地，翻了近 12 倍，这么广袤的领土不是原来就有的，建国伊始，美国就开始走上了对外扩张的道路，利用收买、胁迫、发动战争等手段巧取豪夺，所得利益也是极为丰厚。尤其是发生在 1846 年～ 1848 年的美墨战争，美国以死伤 2 万人的代价，一举吞并了墨西哥 230 万平方千米的土地，包括得克萨斯、加利福尼亚等如今在美国数一数二的重要州府被纳入版图，且一举打通了至太平洋沿岸的陆地交通线，成为地跨两洋的大国。

昭昭天命

自立国伊始，在美国政客的脑子里就一直有种自信心爆棚的想法叫作“昭昭天命”，这是基于独立战争的胜利以及建立了近代民主制度所产生的优越感，让美国人认为他们有义务也有能力将美国的思想、宗教、典章制度传播到整个新大陆，建立一个有区别于封建等级森严的旧世界的人类乐土。这一思想主要包含了三个方面的含义：一为美利坚合众国建立的必然性。它认为“在北美大陆范围内建立一个自由、联合、自治的共

和国——这就是天定命运，它是基于各州的共和主义”。二为美国领土扩张的合法性。它是来自上帝的旨意，“上帝早就做了决定，西半球是美国的，即从大西洋到太平洋，或者从北极到南极。”三为传播民主制度的神圣性。“民主制度是如此尽善尽美，以致不会受到任何国界的限制。扩张时上天安排的启发邻近国家遭到暴君同时的人民大众的一种手段，它不是帝国主义，而是强行的拯救。”

到了19世纪，这种理想主义的天命论又成了美国对外扩张的理论基础，似乎侵吞别人领土的时候加上了这么一个理想主义的口号，便不显得那么蛮横跟无耻了，美国人无疑是把“昭昭天命”当作了扩张的信条，又如约翰·亚当斯所说：“上帝似乎已经预定整个北美大陆要由一个国家的国民定居，他们说同一种语言，信奉同样的宗教和政治原则，习惯于相同的社会习俗。”“自从我们成了独立的

^ 维拉克鲁斯登陆

1847年3月，美国陆军司令温菲尔德·斯科特少将带领万余名士兵在墨西哥维拉克鲁斯南部海滩登陆，大量墨西哥军民被炸死。当月29日，维拉克鲁斯沦陷。

v 温菲尔德·斯科特少将是美国19世纪仅次于华盛顿的名将。

人民，北美大陆应成为我们的财产这一点，就正如密西西比河必然流入大洋一样，是不言而喻的自然规律。”

同时，基于美国经济的发展，工业革命对于资源的诉求以及农业开垦对于土地的渴望，也成了美国对外扩张的原生动力，1803年，美国利用欧洲列强深陷拿破仑战争的态势，以1500万美元的超低价格从法国手中买入路易斯安那殖民地，美国领土从此一举越过密西西比河直达落基山脉，扩大了210万平方千米，翻了近一番。1811年，又趁西班牙本土被拿破仑打得奄奄一息之际，美国出兵占据佛罗里达殖民地，随后又占领了亚拉巴马，扩张了在南部的领土，并对加勒比海上的岛屿虎视眈眈。开国元勋杰斐逊坦言：“我常把古巴看作最好的能够纳入我们各邦组织中的添加物。”“控制了该岛和佛罗里达尖端将使我们掌握墨西哥湾和它四周的国家和地峡，以及所有河流注入其中的国家。”

南面开疆拓土不亦乐乎，北边美国人也不想闲着，几乎是在出兵佛罗里达的同时，美军也渡哈德孙河北上加拿大，同样想趁欧洲战乱之机把英国人的势力一

卡扎里·泰勒少将

泰勒为墨西哥战争的美军总指挥，在著名的布埃纳维斯塔战役中他运用的战术大获成功，战后被选为美国总统。

举驱逐出北美大陆，完成独立战争中未竟之事业。只是大英帝国非衰落的西班牙可比，加拿大也几乎都是独立战争中忠于英王的遗民之后，跟河对岸的叛匪不共戴天，同仇敌忾之下将缺了法军支持的美国民兵又打回了原形，还一把火烧了白宫，让美国向北方扩张的企图彻底破产。

孤星共和国

有道是“失之东隅，收之桑榆”，既然北边的同文同种的加拿大不好惹，美国人决心继续掉过头来向大陆的西、南两个方向扩张，这里除了落后的印第安人，就是组织松散的拉丁系殖民地，虽然西班牙的海外领地已经吃得差不多了，但是没关系，还有墨西哥这个庞然大物可供撕咬。

1821年从西班牙独立后，墨西哥从宗主国继承了北美洲庞大的殖民领土，包括整个太平洋的海岸线和落基山脉以西地区，总面积近500万平方千米，然而墨西哥在独立后内乱不止，发展缓慢，北部的领土除了几个据点，人丁稀少，这就给了美国可乘之机。

当年美国就是先用跨境移民这一招蚕食墨西哥领土的。在轰轰烈烈的“西进运动”中成千上万的美国移民驾着大篷车，毫无顾忌地越过边境来到一片荒野的得克萨斯开垦、放牧，这让墨西哥政府十分不满，然而鞭长莫及，只能任由这些说英语的白人在当地发展壮大。

至19世纪初，美国在得克萨斯的移民已经接近3万，开设农场，蓄养黑奴，俨然已经是一个美国南方蓄奴州的翻版，这终于引起了墨西哥政府的重视，派人前来重申国策——来到墨西哥领土获得土地的美国移民都必须加入墨西哥国籍，另外，墨西哥已经废除奴隶制度，移民一律禁止蓄奴。然而当地移民根本不为所动，反倒是在美国南方奴隶主的支持下，加快了分裂的步伐。1835年，得克萨斯人发布声明，借口墨西哥政府禁止蓄奴制度存在，宣布独立并且建立“得克萨斯共和国”，此政权因为其旗帜上只有一个白星也被称为“孤星共和国”。由前田纳西州州长萨姆·休斯敦担任总统并兼任武装总司令，没错，现在得克萨斯州的最大城市正是以他的名字命名的，以表彰他在该州成立之初的卓越贡献。

但这时候墨西哥也出了一位强人，那就是曾7任总统的大军阀桑塔·安纳将军，这位独裁者听闻得克萨斯叛乱，认为是立威的好时机，立刻率军7000人前来镇压独立运动。在阿拉莫之战中，寡不敌众的得克萨斯移民武装被桑塔·安纳的大军包围并屠杀，但只过了3个星期，休斯敦就率领残部以哀兵必胜的气势在圣哈辛托河击败了墨西哥军队，并奇迹般地俘虏了桑塔·安纳，其口号“记住阿拉莫（Remember the Alamo！）”被美国人认为是自由意志下勇气和牺牲精神的象征，被永远铭刻在美国历史。

攻陷墨西哥

圣哈辛托河之战的胜利让得克萨斯维持住了独立的局面，墨西哥政府一时无力镇压，但也警告美国当局，若将得克萨斯吞并，那两国之间一定会发起战争。

美国政府当然不会搭理墨西哥的虚张声势，但是得克萨斯却也迟迟没有加入美国联邦，原因是背后支持得克萨斯独立的美国南方种植园主及民主党人希望将这里变成一个蓄奴州，但国会认为这就打破了美国建国之初蓄奴州和自由州之间的均势，容易引发国内的分裂。一直到1845年，代表南方利益的总统詹姆斯·波尔克上台，美国国会才批准了得克萨斯加入联邦的议案，而被激怒的墨西哥政府于当年5月23日向美国宣战，美墨之间由来已久的边境摩擦终于以战争方式进行最终解决。

波尔克总统是一位眼光卓越又野心勃勃的政客，他看穿了墨西哥的虚弱与混乱，认为一旦开战，墨西哥不但无法夺回得克萨斯，其遥远的北部省份如新墨西哥和加利福尼亚也将会是美军的囊中之物，从而实现扩张主义者将太平洋纳为天然边界的理想，即从“昭昭天命”中引申出来的“我们天定命运的权利，就是扩展到整个大陆”，时机难得，必须抓住。

美国的战争机器以空前的效率动员起来，工业革命带来的碾压性优势使美国迅速组织起了10万人的海陆军队，兵分三路向墨西哥进发。其中，中、西两个方向向墨西哥太平洋沿岸及加利福尼亚一新墨西哥一线进军，意在吞并土地，另外一支东路部队则乘船沿墨西哥湾南下，准备“直捣黄龙”攻占敌方首都墨西哥城。

由于实力上的明显差距，美军在中路和西路的行动可以说是兵不血刃，沿途美国移民“带路党”纷纷起事相应，1846年6月，一批美国移民就仿照“孤星共和国”的旧例，在加利福尼亚的萨克拉门托发动叛乱，炮制了一个“熊旗共和国”，美军随后在1846年下半年接管，并且一路沿着海岸线推进，拿下了旧金山、圣巴巴拉和洛杉矶等城市。

v 萨克拉门托战役

1848年2月28日，美军炮轰萨克拉门托，取得胜利，消灭了加利福尼亚和新墨西哥地区的墨西哥军队。

在西线和中线“拓土开疆”的同时，美军在东线的进展也十分顺利。1847年3月，美军在墨西哥湾登陆，占领了墨西哥东海岸的最大港口和军事要塞维拉克鲁斯。经过半年的苦战，美军在8月份兵临墨西哥城城下，虽然墨军集中了2万人的兵力和100门大炮守城，但是美军还是在9月15日攻占了墨西哥城，并在墨西哥国家宫升起星条旗。

1848年1月2日，美墨和谈正式开始，1848年2月2日，战败的墨西哥被迫签订了丧权辱国的《瓜达卢佩—伊达尔戈条约》，条约规定墨西哥不仅要承认得克萨斯为美国领土，同时还要将上加利福尼亚和新墨西哥割让给美国，总面积达230万平方千米。美国战后在新获得的土地上陆续成立

了加利福尼亚、内华达、新墨西哥、亚利桑那等州，这一条约基本形成了美墨今天的边界。

对于美国来说，这无疑是一场代价极小而收益极高的作战，战争的胜利也给了持“昭昭天命”的扩张主义者极大的鼓舞，但是新加入的州也带来了奴隶制存废等问题的新一波争论，最终在20年后撕裂了美国。

美军进入墨西哥城

1847年9月14日，墨西哥城被美军占领，图为美军进城时的情景。美军进城后，在墨西哥城升起了美国国旗，墨西哥政府被迫于次年年初同美国议和。

VISIBLE HISTORY OF THE WORLD

关键词：巴尔的摩 / 《星光灿烂的旗帜》诞生

美国国歌的诞生

▪ 1814年

1812 年美英战争爆发后，在英军向美军进攻的过程中，巴尔的摩成为其主要的进攻城市。当时，美国律师弗朗西斯 · 斯科特 · 基参与了这场抵抗英军进攻的战争，在硝烟弥漫的战场上看着星条旗，发现那面星条旗在经过英军炮轰后仍在要塞上空高高飘扬。于是，他即兴写下了一首热情洋溢的赞美诗，在一名法官的建议下，配上了美国作曲家约翰 · 斯塔福德 · 史密斯创作的 *To Anacreon In Heaven*，取名《星光灿烂的旗帜》。这首歌曲从此流传开来，1931 年，美国国会正式将《星光灿烂的旗帜》定为美国国歌。

《星光灿烂的旗帜》的诞生

1812年，为了向北扩张，美国国会通过了对英宣战，试图夺取加拿大的魁

> 炮击麦克亨利堡

1814 年 9 月 13 日凌晨，英舰开始对麦克亨利堡进行猛烈的轰炸，但麦克亨利堡固若金汤，英舰撤离，美军在巴尔的摩保卫战中大获全胜。

北克地区，将英国势力赶出北美大陆。战争初期，美军占据优势，但随着大批英军赶到北美大陆，美军开始遭遇失利。1814年8月24日，英军攻占了美国首都华盛顿，英国陆军部队司令罗伯特·罗斯少将和英国海军部队司令乔治·库克博恩海军少将在火烧华盛顿后，开始向巴尔的摩进攻。但是，在巴尔的摩有50万居民积极备战，美国民兵在巴尔的摩城市周围构筑了防御工事，同时，在巴尔的摩的港口还有麦克亨利堡的庇护，美军暂时抵挡了强大的英军部队。

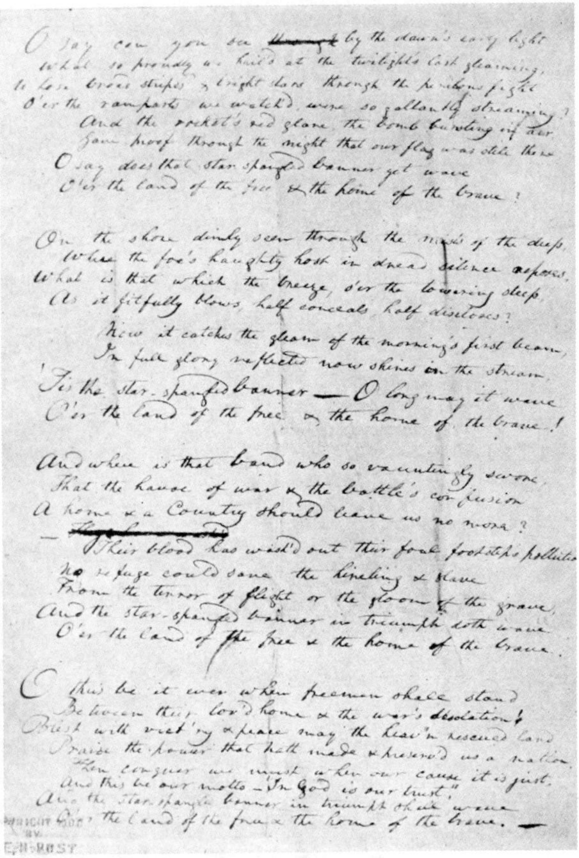
O say can you see by the dawn's early light
What so proudly we hail'd at the twilight's last gleaming,
Whose broad stripes & bright stars through the perilous fight
O'er the ramparts we watch'd, were so gallantly streaming?
And the rocket's red glare, the bomb bursting in air
Gave proof through the night that our flag was still there
O say does that star-spangled banner yet wave
O'er the land of the free & the home of the brave?

On the shore dimly seen through the mists of the deep,
Where the foe's haughty host in dread silence reposes,
What is that which the breeze, o'er the towering steep,
As it fitfully blows, half conceals, half discloses?
Now it catches the gleam of the morning's first beam,
In full glory reflected now shines in the stream,
'Tis the star-spangled banner — O long may it wave
O'er the land of the free & the home of the brave!

And where is that band who so vauntingly swore,
That the havoc of war & the battle's confusion
A home & a Country should leave us no more?
Their blood has wash'd out their foul footstep's pollution
No refuge could save the hireling & slave
From the terror of flight or the gloom of the grave,
And the star-spangled banner in triumph doth wave
O'er the land of the free & the home of the brave.

O thus be it ever when freemen shall stand
Between their lov'd home & the war's desolation!
Blest with vict'ry & peace may the heav'n rescued land
Praise the power that hath made & preserv'd us a nation!
Then conquer we must when our cause it is just,
And this be our motto — "In God is our trust,"
And the star-spangled banner in triumph shall wave
O'er the land of the free & the home of the brave.

^《星光灿烂的旗帜》的原始手稿副本，现陈列在马里兰历史协会。

遭到了巴尔的摩居民的反击之后，英军奉命开始转向地面攻击。当时，英军罗斯少将、库克博恩海军少将和大约4000名英军在切萨皮克海湾登陆，从这里向巴尔的摩市进军只有大约22千米的路程。英军大约从早晨7点开始向巴尔的摩市进发。罗斯和库克博恩在行进一小时后停了下来，这两位将军和其他军官骑马来到附近的一户农庄，强迫当地的农民给他们做早餐。当这些英军将领正在用早餐时，这位农民问罗斯将军："英军要去哪儿？"罗斯回答道："巴尔的摩。"农民有点不相信："巴尔的摩防守严密，固若金汤。"罗斯却笑着回答说："今天的晚饭不是在巴尔的摩吃，就是在地狱吃。"

罗斯和库克博恩继续向前进攻，可是，就在他们前进的途中，英军遭遇了一支美军部队的袭击，罗斯将军不幸被击中，他的晚饭也不能在巴尔的摩吃了。这支美军有效地阻碍了英军前进的步伐，当英军到达巴尔的摩附近时，已经是第二天的傍晚。那天晚上，英军的炮弹像雨点一样密集，但是，由于火炮大部分在空中爆炸，或是错过了目标，并没有给美军造成过多的人员伤亡。许多美国士兵看到了在巴尔的摩麦克亨利堡中心的一个旗杆上，飘扬着一面巨大的美国国旗，而在战场的另

1814年9月14日上午，弗朗西斯·斯科特·基与他的同胞看着美国国旗在巴尔的摩飘扬，这启发了美国国歌关键的编写工作。

一方，美国律师弗朗西斯·斯科特·基关心着这面旗帜的命运。

弗朗西斯·斯科特·基是律师、诗人和作家，他极力反对战争。但是，他热爱国家，他在华盛顿参军，并参与了华盛顿的保卫战。当英军从华盛顿撤退时，他们带走了一名叫威利姆·比纳斯的美国医生，基认识比纳斯，他请求麦迪逊总统向英军司令请求释放这位医生，并将这封请求信送到库克博恩海军少将的手里。基还携带了几封在美国医院接受治疗的英军受伤士兵写的信。在这些信中，有一位英军士兵讲述了这位优秀的医生是如何挽救了他的生命。库克博恩在看了这些信后同意释放这位医生，但库克博恩只允许克伊、比纳斯及与克伊一起来送信的人在英军对巴尔的摩攻击之后才能离开。

当时，基眼睁睁看着炮弹像雨点般飞向麦克亨利堡。后来，他回忆说："我看到国旗在城市上空飘扬，象征着祖国的力量和骄傲，我看到敌人准备进攻，听到炮火声，冲突的嘈杂充斥我的双耳，我知道，'自由的勇士'跟入侵者交火了。"雨整整下了一天，而英军部队的进攻一直没有中断，但是，直到天黑前，基仍然看见星条旗飘舞在麦克亨利堡上空。

英军试图在要塞附近的另一个地方登陆，但美国人听到了英军的舰船声，并向英军的舰船开火，英军登陆失败了。英军的炮弹继续如雨点般地落在要塞上。位于巴尔的摩市东部的英国登陆部队花了一晚上的时间，也无法达到目的。面对这一窘境，这支部队的指挥官无法决定他们是应该进攻还是撤退。大雨下了大半夜，在巴尔的摩以东的英军地面部队依然无法占领麦克亨利堡，库克博恩下令，取消了对巴尔的摩的地面进攻。眼看快天亮了，英军的炮弹继续袭击着麦克亨利堡，而那面已经弹痕累累的美国国旗依然飘舞在巴尔的摩城市上空，基从口袋里掏出一封旧信，即兴写下了一首诗，这就是后来的美国国歌《星光灿烂的旗帜》。

《星光灿烂的旗帜》原文如下：

哦，你可看见，透过一线曙光，我们对着什么，发出欢呼的声浪？

谁的阔条明星，冒着一夜炮火，依然迎风招展，在我军碉堡上？

火炮闪闪发光，炸弹轰轰作响，它们都是见证，国旗安然无恙。

你看星条旗不是还高高飘扬在这自由国家，勇士的家乡？

透过稠密的雾，隐约望见对岸，顽敌正在酣睡，四周沉寂夜阑珊。

微风断断续续，吹过峻崖之巅，你说那是什么，风中半隐又半现？

现在它的身上，映着朝霞烂漫，凌空照在水面，霎时红光一片。

这是星条旗，但愿它永远飘扬在这自由国家，勇士的家乡。

都到哪里去了，信誓旦旦的人？

他们向往的是能在战争中幸存，家乡和祖国，不要抛弃他们。

他们自己用血，洗清肮脏的脚印。

这些奴才、佣兵，没有地方藏身，逃脱不了失败和死亡的命运。

但是星条旗却将要永远飘扬在这自由国家，勇士的家乡。

玉碎还是瓦全，摆在我们面前，自由人将奋起保卫国旗长招展。

祖国自有天相，胜利和平在望；建国家，保家乡，感谢上帝的力量。

我们一定得胜，正义属于我方，“我们信赖上帝”，此语永世不忘。

你看星条旗将永远高高飘扬在这自由国家，勇士的家乡。

诗歌写好之后，在一名法官的建议下，配上了美国作曲家约翰·斯塔福德·史密斯创作的*To Anacreon In Heaven*，取名为《星光灿烂的旗帜》，从此流传开来，1931年，美国国会正式将《星光灿烂的旗帜》定为国歌。

《星光灿烂的旗帜》作曲者约翰·斯塔福德·史密斯

约翰·斯塔福德·史密斯是美国著名的作曲家、男高音歌唱家、风琴演奏家，其父亲是格洛斯特大教堂管风琴师，他曾受教于父亲和博伊斯。刚开始的时候，约翰为皇家小教堂唱诗班领唱。1784年，约翰成为皇家小教堂的神职人员。1802年，约翰开始担任管风琴师。1805年～1817年，约翰担任了唱诗班乐长，曾出版《古代音乐》一书。在书中，约翰收集了

12世纪至18世纪的英国音乐，而《星光灿烂的旗帜》则改编于约翰所写的歌曲《阿纳克里翁在天上》，这是约翰的代表作。《星光灿烂的旗帜》是一首管乐合奏曲，在曲子里，充分发挥了铜管乐队的表现功能，并以磅礴的气势和强有力的情绪歌颂自己的祖国，十分具有鼓动力。

^ 弗朗西斯·斯科特·基纪念碑

VISIBLE HISTORY OF THE WORLD

关键词：画家 / 电报 / 莫尔斯电码

“电报之父”塞缪尔·莫尔斯

▪ 1791年～1872年

“有的人活着，他已经死了；有的人死了，他还活着。”这是中国诗人臧克家为了纪念鲁迅先生所谱的诗句，却也很意外地符合今天这位主人公的生平。塞缪尔·莫尔斯，虽然斯人已逝有近一个半世纪之久，但是他的天才、他的创造、他的贡献，伴着“嘀嘀嗒嗒”的电码声，总让人觉得，这位先人依旧活在人世之间，永垂不朽。

画家生涯

1791年4月27日，塞缪尔·莫尔斯出生于马萨诸塞州的查尔斯顿，他的父亲迦地大·莫尔斯是一位基督教公理会牧师，也是一位了不起的地理学者，有美国“地理学之父”的称号。作为家庭

< “电报之父”塞缪尔·莫尔斯，他还是一位享有盛誉的美国画家。

的长子，莫尔斯自幼接受了良好的教育，除了父亲言传身教的基督教加尔文主义的道德精神外，他还在耶鲁学院修读了宗教哲学、数学及有关马匹的科学。但是毕业后的莫尔斯既没有子承父业成为一名基督教牧师，也没有投身于科学研究事业，而是一头扎向了艺术的殿堂，立志成为一名伟大的画家。

^ 油画《大力神死亡》是莫尔斯早期绘画作品。

得益于从小打下的教育底子，外加自身的刻苦钻研，莫尔斯的艺术生涯非常成功，不到40岁就声名卓著，在肖像画和历史绘画方面成了当时公认的一流画家。同时他还经营着一份出版和印刷事业，在商业领域也取得了很好的成绩，可谓实践了他所信奉的加尔文宗教倡导的鼓励教徒取得世俗成功的信条。如果不是后来一个突如其来的灵感爆发，事业有成、生活优渥的他可能就是以一位画家的身份名留青史了。

那是1832年10月的一天，彼时画家莫尔斯正在欧洲大陆进行他的第二次艺术旅行，周游法国、意大利等艺术圣地来汲取绘画的灵感。当旅程结束后，莫尔斯在法国勒阿弗尔港搭乘“萨丽”号邮轮启程回国。限于当时的交通条件，这趟横跨大西洋的旅行并不轻松，漫长的航程中风浪颠簸让很多乘客都晕船呕吐。莫尔斯虽然不是第一次坐船，但旅途中也仍是倍感艰辛，煎熬中他经常去找船长和其他乘客聊天来转移注意力，缓解晕船的痛苦。在这个过程中他结识了一位叫杰克逊的马萨诸塞州老

^ 莫尔斯正在做实验，他花了十余年心血终于成功研制出电报机。

乡，这个人是个医生，同时也在研究当时一门新兴学问——电磁学，他正是要去巴黎参加国际电学研讨会的。

老乡见老乡，杰克逊和莫尔斯很快就熟识起来，无话不谈。这天两人就聊到杰克逊的电磁学研究上来了，兴致很高的杰克逊就开始向莫尔斯介绍电磁感应原理——这是一年之前刚刚由一位叫作迈克尔·法拉第的英国科学家所发现的，算是科学理论的前沿知识。杰克逊用尽可能通俗易懂的语言向画家老乡描述了电磁感应的原理，并现场掏出一块电磁铁来演示了一遍，把莫尔斯看得很是兴奋，尤其杰克逊的一句话他听进去了，“实验证明，不管电线有多长，电流都可以神速地通过”。

言者无意，听者有心。杰克逊无非是想向老乡科普电磁学知识，但是爱钻研的莫尔斯想到的却是：既然电流可以神速通过导线，那么用电流来传递消息岂不是瞬息即达？如果这个想法得以实现，那将省下时间和空间上的巨额的通信成本，远隔千里也能同步音信——岂不美哉？

科研岁月

自从这个想法跃入脑海之后，莫尔斯便再也坐不住了，说干就干是加尔文宗教的信条，回国后他毅然决然地放弃了艺术生涯，变卖了全部身家，在40多岁的时候开始投身于对电磁通信事业的研究。

^ 莫尔斯电报机

因为有着强烈的发明热情，莫尔斯在很短时间内就掌握了电磁学的基本原理，接着他就开始尝试将自己的想法付诸实践——利用电流传播的速度，以及电磁铁在有电和没电时不同的反应来传递信息。他买来各种电工器材和工具，在家里夜以继日地干起来。他画了很多设计草图，也查阅了很多资料，但是计划进展得并不顺利，他起初所设想的方案要么太复杂，以致设备根本没有办法成功运行，要么虽然能够传递消息，但是信息含量太过简单，只能传递一些“Yes”“No”这样的简单信息，这让莫尔斯十分伤脑筋。

在查阅科研资料的过程中，莫尔斯也发现，其实有利用电流来传递消息这种想法的人不止他一个人，早在80多年前，一位英国的前辈就提出在两地之间架设26根导线，每根导线代表一个字母，这样，当导线通电时，另一端相应的字母就会被记录，这样就能传递消息了。这与莫尔斯最初的方案不谋而合，但是在电磁设备还很简陋的当时，这几乎是一个不可能完成的任务，首先26根导线所消耗的电量就是一个大麻烦，更何况这26根导线的系统整合以及线路维护工作的复杂量都是难以想象的。在这位英国人之后，很多科学家都在尝试解决这个问题，可由于这个方案先天的巨大缺陷，一代代人耗尽了心智也没取得突破和进展，如今这个难题也摆到了莫尔斯面前。

3年过去了，莫尔斯不知画过多少张设计草图，做过多少次实验。从前的小画室彻底变成了实验室，到处都是线圈、磁石和导线，他的写生簿也涂满了各式各样的方案和草图。可以说莫尔斯的全部生活和希望都凝聚在这个小小的实验室里了，然而每一次都以失败而告终。昂贵的实验设备耗光了他的积蓄，使其生活陷入困顿之中，可是莫尔斯凭借一股初心不改的劲头，坚持要将实验进行到底。

1836年一个普通的夜晚，黑暗已经笼罩了城市的每一个角落，只有莫尔斯的实验室灯火通明，在经历了又一次的失败之后，身处困境的莫尔斯突然意识到了问题的症结：在他之前的科学家，往往是为了表达26个字母而设计极为复杂的设备，而这复杂的设备也成了困死所有人的牢笼。他意识到，不能再走别人的死胡同了，必须寻找新路！必须简化26个字母的信息传递方法，这样电报机的结构才会简单，实验才能成功！

发报成功

至此，莫尔斯终于进入了电报发明的第二重境界，他不再纠结于创新电磁设备，而是要基于此时的技术水平，发明一套能够匹配这些设备的简单而又行之有效的方法，从而走出死胡同，闯一条新路！

经过反复思考，一个崭新的思想酝酿成熟了，他决定用点、横线和空白代替26个英文字母，给每一个字母设计出由不同的点、横线和空白组成的符号组合，这就大大简化了设计和装置，电报机只需要发出点和横线两种符号，就能传递消息。这就是著名的莫尔斯电码，也是电信史上最早的编码。

∨ 操作人员正在用莫尔斯电码发送电报。莫尔斯电报机经过许多改进后，战争爆发、风暴来临等各种消息都可通过电报而得到迅速的传递。

有了电码，电报机的研制便顺利了很多，莫尔斯在极度贫困的状态下忘我地工作，终于在1837年9月4日制造出了电报机的原型。它的发报装置很简单，是由电键和一组电池组成。按下电键，便有电流通过。按的时间短促表示点，按的时间长些表示横线。它的收报机装置是由一只电磁铁和笔组成的，当有电流通过时，电磁铁产生磁性，控制的笔也就在纸上记录下点或横线。这台发报机的有效工作距离为500米。之后，莫尔斯又对这台发报机进行了改进。

此后的日子里，莫尔斯一边致力于电报机性能的改进，一边向美国政府和议会推广他的发明。在他的不懈努力下，美国国会经过长时间的激烈辩论，终于同意拨款3万美元，在华盛顿与巴尔的摩两座城市之间，架设一条长约64千米的线路，莫尔斯感觉到，自己长达12年的拼搏与坚持，终于守得云开见月明了。

1844年5月24日，人类通信史上的庄严时刻到来了。莫尔斯坐在华盛顿国会大厦联邦最高法院会议厅中，用激动得发抖的手向远在64千米外的巴尔的摩发出一条电报："上帝创造了何等的奇迹！"

实验成功了，人类通信史揭开了新的一页。莫尔斯的发明迅速风行全球。苦尽甘来的他得到了欧洲许多国家联合赠予的一笔40万法郎的奖金，作为对之前12年困顿岁月的补偿。从此以后，战争的爆发、和约的缔结、风暴的来临……各种消息都通过电报而得到迅速的传递，成为人类通信历史上的一次巨大的飞跃。

1872年4月2日，莫尔斯在位于纽约市第五大道的家中去世，享年80岁。而他所发明的莫尔斯电码则拥有比主人更加长久的生命，在海事通信中作为国际标准一直使用到1999年，现在仍然在业余无线电中使用。

莫尔斯现在被安葬在纽约市布鲁克林区的绿荫公墓中，在中央公园美国人为他塑造了雕像，用巨大的荣誉，向这位开创了人类通信历史新纪元的发明家致敬。

^ 塞缪尔·莫尔斯雕像

1912 年，著名的泰坦尼克号邮轮首航遇险时，曾使用当时刚通过并准备使用的新求救信号 SOS（美式莫尔斯电码）发报，结果没有被理睬。泰坦尼克号沉没后，SOS 才被广泛接受和使用。泰坦尼克号也因此成为世界上第一艘发出 SOS 电码的船只。

专题

美国牛仔精神

⊙美国西部 ⊙牛仔精神 ⊙开拓进取

提起牛仔，人们首先会想到那些头顶毡帽、颈围方巾、手持马鞭、腰挎左轮、身穿牛仔裤、足蹬长筒靴，骑着骏马奔驰于草原的美国西部牧牛人。这种形象在美国西部小说和西部片中被固定下来并广为人知，由此在人们心中形成自由奔放、粗犷豪迈、英勇侠义的牛仔精神。而在真实的历史上，尽管美国牛仔存在的时间并不长，但他们所展现出来的独立自主、积极乐观和开拓进取的精神却已在美国文化生活中留下深深的烙印，成为美国精神的象征。

在西部草原上

“牛仔”这个词源自西班牙语，其实就是牧场雇工，每天骑着马放牧的人。在美国的西进运动中，铁路的发展和冷冻车厢的出现为运输提供了一种便利，使东部地区及国外市场对牛肉的需求得以满足——得克萨斯等地天然牧场上的牛群被驱赶着穿过广阔的草原，运送到密苏里州圣路易斯城或密苏里州与堪萨斯州交界处的堪萨斯城等铁路枢纽，并在那里被屠宰、分割、冷冻、装车，再运往东部地区。

运送牛群工作需要大量的牧人完成，西进运动中许多被吸引来参与拓荒及寻求独立的东北部年轻人、外来移民、黑人、得克萨斯等地当地的牧人，还有美籍墨西哥人都加入了这个行列。由于后者（主要

▲ 牛仔画像

为西班牙裔的殖民者后代）的加入使这些长途跋涉驱赶牛群的牧人被称为牛仔，而“牛仔”这个词也因他们特定的工作而被赋予了新的含义。

这些牛仔驱赶着成千上万头牧牛，在大草原上风餐露宿，冒着风雨雷电，克服了重重困难。他们的生存环境极为恶劣，工作异常艰苦，收入却很微薄，但他们都是些勇于开拓进取、富于冒险精神的年轻人。他们苦中作乐、团结协作，并在其中寻求生活的机遇和生命的价值。

当然，特殊的环境塑造出牛仔们特异的性格。他们在马背上纵横草原，与大自然抗争，因此养成了粗

▲ 驰骋的牛仔

游牧生活决定了牛仔在穿着上与众不同，典型的牛仔总是头戴毡帽、脚蹬马靴、腰挂匕首和短枪。

犷、豪迈的性情，同时也令他们显得狂放不羁。艰辛而危险的劳动一方面让他们学会齐心协力，另一方面也鼓舞着他们的个人英雄气概。走南闯北的经历增添了他们的沧桑洒脱之气，艺高胆大助益着他们的侠气胸襟。这些牛仔一边为美国的西部大开发默默地贡献着力量，一边过着那个时代极为平凡艰苦却又充满传奇浪漫色彩的生活。

作为一个时代的产物，牛仔这个行业兴起于19世纪中期，鼎盛于美国内战后的二十多年间。但是到了19世纪晚期，由于纵横交错的铁路网逐渐向西南地区发展，天然牧场渐趋衰退，土地被划归私有，牛仔也渐渐丧失了存在的必要，很快在新的一轮工业化进程中销声匿迹，隐没在历史的长河之中。

小说和电影里的牛仔

作为实际存在的西部牛仔消失了，但是文学艺术作品中的牛仔形象却刚刚开始建立，并获得了更长久的生命力。

从19世纪20年代起，美国本土文学的重要形式之一西部小说开始出现。事实上关于美国西部的早期记载可以追溯到1784年，一位美国作家、历史学家约翰·菲尔森发表著作《肯塔基的发现、定居和现状》，其中的附录介绍了肯塔基拓荒者丹尼尔·布恩的事迹——这位美国历史上最早的西部探险家之一立刻成了民间英雄，“西进精神”也从此深入人心。而当1823年詹姆斯·菲尼莫尔·库柏出版他的五部小说《皮袜子故事集》之一《拓荒者》之际，第一部西部小说出现了，其主人公纳蒂·班波随着后续而来的《最后一个莫希干人》《大草原》《探路者》《杀鹿者》等作品，成为享誉世界、脍炙人口的西部英雄。

但纳蒂·班波还不是牛仔。牛仔进入文学作品要从美国内战前后开始算起，牛仔真正成为文学作品中的主角则要到20世纪初。欧文·威斯特这位美国西部小说之父于1902年发表了他的代表作《弗吉尼亚人》。这部小说被认为是第一部真正意义上的西部牛仔小说，第一次开创并确立了西部牛仔的艺术形象，小说主人公“弗吉尼亚人”成为之后众多西部牛仔小说中富有传奇和浪漫色彩的牛仔典范。此后，形形色色的西部牛仔小说层出不穷——赞恩·格雷的《紫艾草骑士》被认为是程式化西部小说的滥觞，而这种模式一直流行到20世纪40年代，并在通俗小说中占有一席之地。

电影艺术的发展也把西部牛仔搬上了屏幕。《弗吉尼亚人》在20世纪上半叶被拍摄了四次，而被称为西部片的电影题材在好莱坞被源源不断地制造出来，以迎合大众精神的满足和娱乐的需要。从最早的一部长度仅十分钟的默片《火车大劫案》开始，西部片便把西部风情、牛仔形象和种种惊险刺激、激动人心的情节与场面展现在屏幕上，演绎出许多或浪漫或神奇、或壮烈或温馨的传奇故事。在20世纪30年代到60年代间，西部片充斥好莱坞并被不断推广到美国乃至世界各地，把牛仔形象和西部精神展现给世人。这一阶段的著名影片有1939年约翰·福特执导的《驿马车》获得奥斯卡两个奖项及五项提名，成就了约翰·福特及约翰·韦恩这对西部片最佳搭档（他们后来的作品有《侠骨柔情》《搜索者》等）和1962年的五部曲鸿篇巨制《西部开拓史》。甚至直到21世纪初，好莱坞依然有以西部为主题和展现牛仔形象、表现牛仔精神的影片问世。

广义地说，西部主题和牛仔精神并不局限于西部小说和西部片中。从20世纪20年代开始蓬勃发展起来的科幻小说以广袤荒芜的太空为背景，作者写出了不少太空拓荒故事，塑造出一个个在太空中探险的传奇人物和孤胆英雄——太空，成为人类的西部，牛仔也步入了太空时代。而后来发展起来的科幻电影，尤其是太空题材的科幻影片（如《星球大战》），亦可谓太空之西部片。

民族的和国家的

从小说到电影，从民间艺术表演到有意无意地渲染，百年西迁之路的沧桑血泪被遮蔽，牛仔们枯燥、艰辛、危险的工作被淡化，历史留给人们更多的是西部的辉煌和灿烂，牛仔的浪漫与传奇。然而这不能单纯地看作一种背叛、遗忘或曲解——美国早期的历史正是一部西部拓荒史、一部西部发展史；“美利坚民族”正是一个怀着无比优越的使命感，积极乐观、开拓进取的民族；“昭昭天命”召唤美国人去拓荒，去开化野蛮、播撒文明，以一种浪漫情怀和自由精神去完成上帝的使命，同时也在这个过程中塑造并完善自身的精神世界。

也许可以这么说，从早已逝去的西部牛仔身上提炼而出并塑造起来的牛仔精神正是美国精神的重要表现，或者说就是美国精神本身。在《独立

▲ 放牧的牛仔

19 世纪三四十年代的美国牛仔主要集中在牧场上，他们要放牧、交易牛群，还要负责维修栅栏、管理牧场设备等，工作相当辛苦。

宣言》中，在《人权法案》里，这种精神曾被庄重地书写、庄严地宣示；而通过西部牛仔这一艺术形象和文化符号，这种精神得以用通俗的形式展现和表达，并融入美国人的血液，形成更长久的文化意识和精神遗产。

如果我们再重新审视一下牛仔这一文化现象，撇开其通俗的、流行的表象直抵其内核，将会发现牛仔精神首先是一种独立自由的精神，是美国独特的宗教意识、地域环境造就出的人的精神；同时也是一种豪迈的、热情而又虔诚的信念，是在美国的建国理念和长期发展中形成的自豪感影响下所形成的成功者的信念。而其中最不容忽视的，是这种精神的个体性——以个人英雄主义为表象。

第五章

内战与重建

1861年至1865年的美国内战不但改变了当时美国的政治经济情势，也对日后美国民间社会及文化产生了巨大深刻的影响。战后的重建工作则更为漫长，但美国联邦政府成功地重组了原南方联盟各州的政治体制，并解放了国内黑奴，废除了奴隶制。

△ 美国史上首位印在纸币上的黑人女性塔布曼

△ 是谁刺杀了林肯？

VISIBLE HISTORY OF THE WORLD

关键词：自由州 / 蓄奴州

自由州与蓄奴州的冲突

■ 19世纪中期

进入19世纪，在历经建国后的一系列动荡与适应期后，美利坚合众国这片天选之土的潜力得以开发，经济和社会各个领域都取得了长足的进步，完整的工业体系开始形成，源源不断的移民充实了人口，领土也进一步向西部扩张，一切都是蒸蒸日上的景象。然而一个建国之初没有得到解决的隐患却也在发展中逐渐露出狰狞的獠牙，开始吞噬美国立国的根基，拷打美国人的灵魂，并将这个国度一步步推向分裂与战争的深渊，这就是奴隶制。

奴隶问题

在美国社会，种族冲突至今都是一个很敏感的话题，虽然表面上废除了奴隶制和种族隔离措施，但是无处不在的隐形歧视和经济地位的低下依旧让广大黑人在被贫困和犯罪包围的生活中挣扎。祖先来自非洲的，约占全国总人口数13.2%的美国黑人们一直都在为真正的种族平权进行着不懈的抗争和奋斗，而前推这一切问题的根源，就是当年欧洲殖民者为开发新大陆进行的罪恶的奴隶贸易。

新航路开辟之初，美洲的原住民在白人殖民者带来的屠杀、奴役和病毒的多重打击之下，几乎消亡殆尽，但同时殖民地的开发却需要大量的劳动力人口。于是在经济利益的驱使之下，丧尽天良的殖民者开始从非洲大量输入黑人奴隶，体格健壮的黑奴们用自己的血汗撑起了新大陆的热带种植园经济，为殖民者带来了滚滚财源，而自己则承受了无尽的劳作、鞭笞、死亡与骨肉分离的酸楚。

尽管有违天良，但是种植园经济对新大陆来说实在太重要了，包括北美13个殖民地中南方的几个殖民地的经济运作模式占据着主流地位，并形成了如小说《飘》中那种独特的等级森严的社会文化制度。所以美国立国之初尽管喊着“人人生而平等”，但是鉴于国父华盛顿也是坐拥百十号黑奴的弗吉尼亚大种植园主，并且彪悍善战的南方兵在独立战争中居功至伟，所以只好默认为黑奴不算人，放任这种原始野蛮的奴隶制度在一个代表当时人类文明之光的崭新国度中讽刺般地存在下去了。

当然，深受启蒙运动影响的开国先贤们毕竟还是良心不安的，比如《独立宣言》的起草者托马斯·杰斐逊曾撰文激烈地批判奴隶制是“英国人强加给我们的恶政”。但是人很少背叛自己的阶级，出于经济利益和政治团结的双重考量（担心解放黑奴造成白人破产、社会动荡），同样来自弗吉尼亚的杰斐逊在《独立宣言》的终稿中还是删掉了关于黑奴的条款。而且在当时，因为国际竞争的关系，南方效率低下的种植园经济已呈现衰落，开国先贤只是立法限制奴隶制的规模和地域扩张，寄希望于以后。随着经济发展，生产效率低下的种植园模式越发无利可图，奴隶制慢慢消亡了。

道德冲突

然而现实却无情地嘲讽了开国先贤们这种一厢情愿的改良主义，迈入19世纪后，工业革命爆发了，盛产煤铁的美国北方自然借着这股东风，迅速完成了工业化，经济开始腾飞。然而令人没想到的是，一贯被视为生产力落后、农业为主的美国南方在这场工业革命中的受益，居然比北方来得更加直接且丰厚，因为这里出产一种工业革命中必不可缺的原材料——棉花。

棉纺织机器的发展是工业革命的滥觞，进入工业化大生产的阶段之后，棉花的需求也随着生产力的发展而一路暴涨，作为当时棉花主产区的美国南方自然是赚得盆满钵满。而且更可怕的是，因为棉花的生产需要大量的人力，奴隶主们开始更加积极地扩大种植园中黑奴的数量和规模，并利用棉花带来的滚滚财源买房置地，畜养打手，越发形成了一个等级森严、控制严密的社会体系——换句话说，

惠特尼轧棉机

18世纪，由于英国棉纺织业的蓬勃发展和美国北部工业革命的兴起，国内外市场对棉花的需求激增。轧棉机的发明提高了清除棉籽的效率，降低了生产成本，在种植园大规模使用奴隶种植棉花十分有利可图，奴隶制种植园迅速发展。

工业革命没有给美国南方带来进步与文明，反倒是让奴隶制度更加巩固，变本加厉了！

至19世纪中叶，南方这种发展模式已经让很多美国人看不下去了，尤其是以清教徒为主的北方新英格兰地区，奴隶制带来的诸多惨剧让他们觉得这是自己人性上的瑕疵，当初立国的时候没有坚决废除奴隶制度已是祖辈留下的原罪，现如今若还是对这反人类的罪行熟视无睹，那有什么资格来当虔诚的信徒呢？

在此种宗教道德感的鞭策下，北方人民迅速行动起来，19世纪上半叶，美国人民开展了广泛的反对奴隶制运动，他们出版书籍、报刊并散发传单，到各地宣传演讲，控诉奴隶主的罪行，揭露和抨击奴隶制的罪恶，宣布“为立即解释我国被奴役的人们而斗争”。同时一批更有行动力的人则自发组织起来，成立了形形色色的废奴主义组织，通过隐秘的方式，指引和协助大批黑人奴隶逃离南方。1852年，废奴主义者斯托夫人哈丽叶特·比切·斯托的小说《汤姆叔叔的小屋》出版，书中对黑人奴隶的悲惨生活做了动人的描述和揭露，在全世界都引起强烈反响，将美

历史断面

南方种植园经济

在美国独立前，种植园经济为资本主义工业提供原料，为资本主义经济服务，因而得以存在并发展。美国南方土地肥沃，适合耕作；光照时间长，气候适宜，雨量充沛，而采棉季节少雨，很适合棉花种植。棉花出口占据了南方财政收入的大半。1850年，棉花出口占南方出口总额的85%，内战前，英国、整个欧洲大陆以及美国北部的棉纺织业都依赖南方的棉花供应。鉴于南方棉花产业的重要性，虽然北方掀起了轰轰烈烈的废奴运动，却很少有议员要求南方彻底废奴，南方的种植园主也因此继续蓄奴。

国民间的废奴主义声浪推向了高潮。

面对北方在舆论上的大加鞭挞，南方人则嗤之以鼻，由于长期单一的农业经济环境，南方人思维上普遍都有复古的倾向，本来在欧洲大陆都已被消灭殆尽的贵族情结、封建伦理等思想观念在南方大行其道，甚至很多人都宣扬出南方人乃是当年英国王室内乱被迫迁居新大陆的贵族之后，跟北方那些来逃荒的平民百姓、流氓罪犯不可同日而语。

在这种高傲的心态下，脾气本来就暴躁冲动的南方人根本不屑于搭理北方“扬基佬”的指责，只是对他们协助黑奴逃亡、断自己财路的行为越发恼怒愤恨。而北方那些有着宗教狂热和道德洁癖的人也很难理解南方人这套守旧的价值观，只恨不能用一顿大棒让这些“精神不列颠贵族”彻底清醒，涤荡罪恶。

^ 弗雷德里克·道格拉斯像

他是废奴主义者的代表，是美国黑人的主要领袖，也是女权运动的积极倡导者。

经济矛盾

如果说南北双方基于奴隶制而产生的道德冲突是为内战做好了思想准备的话，那么随着美国资本主义的发展，奴隶制这一落后的生产制度给美国经济带来的阻碍则可以说是内战爆发的直接原因了。

我们都知道，生产力决定生产关系，生产关系要适应生产力的发展。而拿这句话来套用19世纪中叶美国南北双方也完全适用。当时英国是世界经济的霸主、头号工业国，美国南方也主要是给英国的棉纺织工业做配套，出产的棉花都出口英国用来织布，同时赚取的利润则用来进口英国的工业产品供日常消费，这种各取所需的贸易关系使美国南方跟英国的关系极为紧密，但同时也大大阻碍了美国本土的经济发展。因为美国北方同样需要发展资本主义大工业生产，也需要南方的棉花以及消费市场，然而起步阶段的美国工业是无法同英国成熟的生产体系相竞争的，为了保护本土工业，北方人希望能实行贸易保护主义，提高进口税，从而抵御廉价的英国货倾销，但南方激烈反对这项决议，他们日常的一切都依赖进口，加关税会损害种植园主们的利益，他们不愿意为北方的工业买单。这无疑更加激起了北方的反感情绪，认为奴隶制损害了国家经济利益。

经济基础决定上层建筑，触动了经济利益，双方矛盾已经不可调和，这也直接反映到了美国的国会斗争中。就奴隶制的存废，双方的代表展开了一轮又一轮的激烈辩论。当时斗争的主要焦点就是西部的领土，从1803年到1846年，美国人通过购买、战争等方式取得了路易斯安那州、得克萨斯州、加利福尼亚州、内华达州和犹他州等大量领土，使得领土面积扩大了近两倍，北方希望利用这里丰富的资源来扩大工业生产。而南方则借着近水楼台之机（新领土多数与南方州接壤）想在这里引入黑奴种更多的棉花，这无疑踩了北方人的尾巴，本来蓄奴州的存在是立国之初双方妥协的产物，基于契约精神北方也无话可说，但现在南方还要将更多的领土纳入这种落后的生产方式则让北方人彻底愤怒了，双方在蓄奴州的划定与扩张上产生了激烈的冲突，个别地方已经到了拔刀相对的地步，议会斗争已无法解决问题。

其实这也不奇怪，资本主义有扩张的本能，为了将南方纳入统一的生产体系，获取更多利润，北方必然要打倒奴隶制这种落后的经济制度，但南方这些站在历史车轮前的庄园主们也不会就这么甘心失去自己的经济和政治特权，更反感北方人的指手画脚。双方的矛盾已经发展到无法用法律的或者议会制度的手段来解决，唯一的解决办法，只有战争。

VISIBLE HISTORY OF THE WORLD

关键词：黑奴/自由人/法院

斯科特诉桑福德案

■ 1854年～1857年

斯科特诉桑福德案是一起关于奴隶制的案件。黑人德雷德·斯科特曾在禁止蓄奴制的地区居住过，根据《密苏里妥协案》，他理应获得自由人的身份，却依然被当作奴隶对待。“主人”死后，他试图通过诉讼的方式获得自由，此案几经周折，从地方法院移交到联邦最高法院。最终，最高法院匆忙做出了错误的判决，严重损害了美国最高法院的威望和人们的感情，成为南北战争的重要诱因。

在蓄奴州与自由州间往返

在美国密苏里州圣路易斯市的公墓里，躺着一位普通的黑人。他的墓碑上写着：

德雷德·斯科特

生于1799年，卒于1858年9月17日。

1857年，美国最高法院判处德雷德·斯科特没有《美国宪法》中的公民资格，他也不能因为到过自由州就获得自由，他的身份只受他回到的密苏里州法律支配，这一判决使黑人处于次等地位，激化了南北矛盾，成为引发南北战争的原因之一。作为“斯科特诉桑福德案”的主角，德雷德·斯科特终将永载史册。

斯科特于1799年出生在弗吉尼亚州一个黑奴家庭，出生时他的身份是黑奴。1830年，他被原主人布洛带到密苏里州。1833年，他在圣路易斯市被卖给美国随军医生约翰·埃默森。从1834年到1836年5月，斯科特跟随埃默森医生来到自由州伊利诺伊州的岩石岛军事驻地。1836年到1838年间，他又随埃默森来到准自由州威斯康星州的斯内林堡。斯内林堡位于北纬36° 30′线以北，根据《西北土地法令》和《密苏里妥协案》，这里属于禁止奴隶制的地方，按照当时的法律案例，一个奴隶只要到过自由州，就自动解除奴隶身份，成为自由人。但在斯内林堡的两年间，斯科特一直以奴隶的身份跟随埃默森医生。在斯内林堡期间，斯科特经埃默森医生同意与黑奴哈丽特结婚，夫妻二人都维持着奴隶的身份。

^ 首席大法官坦尼

在斯科特案中，坦尼试图将美国由来已久的奴隶制问题作为“法律问题”来解决，以致被称为“不明智的法官”。

1838年，斯科特与哈丽特跟随埃默森医生回到密苏里州，定居于此。1843年，埃默森医生去世，他的妻子埃默森太太继承了他的财产。斯科特一家作为财产也一并归属埃默森太太所有，并被埃默森太太当作劳动力出租。1846年2月，斯科特向埃默森太太购买自由权，遭到拒绝。4月6日，斯科特根据自己曾随埃默森医生到过自由州的经历为由，向法院提起诉讼，要求恢复全家自由人的身份。

一波三折的审判过程

第一次上诉，斯科特是在密苏里州巡回法院提起诉讼的，但由于斯科特无法证明埃默森医生是自己的"主人"，所以被驳回。

1850年，斯科特再次向密苏里州巡回法院提起诉讼，陪审团最终支持斯科特的诉讼请求。埃默森太太不服，向密苏里州最高法院提起上诉。虽然根据密苏里州之前类似的案例判决，斯科特应该胜诉，但在斯科特案中，密苏里州最高法院三名法官以2:1的票数推翻密苏里州巡回法院的判决，判定斯科特一家仍为奴隶身份。支持判决的法官威廉·斯科特认为，密苏里州法院的法律，不应受其他州（斯科特所到过的自由州）法律的支配，来没收自己公民的财产。不支持判决的坎贝尔法官则认为，斯科特及其家人应按照密苏里州以往的惯例来解决，不过他也同意不能将《密苏里妥协案》用于此案。

此时埃默森太太已经再嫁，她将斯科特一家作为财产送给她纽约州的哥哥约翰·桑福德。根据联邦法律，两个州之间公民的诉讼，将由联邦法院受理。于是斯科特案被移交到联邦法院受理，密苏里联邦巡回上诉法庭受理了此案，斯科特案变成了斯科特诉桑福德案。

1853年，斯科特以密苏里州公民的身份，向密苏里联邦巡回上诉法庭起诉纽约州公民桑福德对自己进行的袭击。桑福德提出此诉讼无效，认为斯科特不是密苏里州公民，是"非洲黑人的后代……被带到这个国家并被卖作黑奴"，此说法被密苏里联邦巡回上诉法庭驳回。桑福德于是又说斯科特是自己的奴隶，不存在袭击的说法。陪审团商议一番之后，将斯科特一家判为桑福德的财产。斯科特对密苏里联邦巡回上诉法庭的判决不服，于1854年12月向美国最高法院提起上诉。

最高法院的争辩

1855年，美国最高法院受理了斯科特诉桑福德案。次年2月，法庭展开第一次辩论。控辩双方的律师分别是蒙哥马利·布莱尔，密苏里州联邦参议员亨利·S. 盖耶和马里兰州政治人物雷弗迪·约翰逊。控方律师以《密苏里妥协案》为依据，重申斯科特的自由人身份。辩方认为，斯科特不具有自由人身份的资格，《密苏里妥协案》是违宪的。最高法院难以裁定，同年5月，最高法院决定延期一年结案。

1856年，美国通过《堪萨斯—内布拉斯加法案》，在社会上引起轩然大波，大家都在讨论国会是否能管理州地区的奴隶制问题。斯科特诉桑福德案在这种形式下重新开庭，展开第二次辩论。

与上一次所不同的是，关注斯科特诉桑福德案的重量级人物增多，美国最高法院大法官本杰明·R. 柯蒂斯的兄弟乔治·T. 柯蒂斯就是支持斯科特的重要人物。斯科特的律师布莱尔重申了斯科特具备自由人身份的理由，并认定该案比其他提交到最高法院的案件都重要，全美国都在等待一个公正的判决。辩方律师则声称，国会没有权力剥夺奴隶主的财产，更没有权力制定剥夺奴隶主财产的法律，《密苏里妥协案》是违宪的，黑人也不是美国公民，无权起诉自己的主人。控辩双方各执一词，审判再次陷入僵局，社会各界人士各自支持一方，舆论纷扰。

在大选中获胜的新总统詹姆斯·布坎南于1857年2月3日写信给最高法院大法官约翰·卡特仑，询问此案能否在3月4日他就职前得到判决，尽快平息国内对奴隶制问题引起的骚动。在布坎南和卡特仑的施压下，来自北方的大法官格里被迫加入由南方大法官组成的法庭，判决有了方向。讽刺的是，布坎南总统就职那天，斯科特诉桑福德案还未做出最终判决。在就职演讲时，布坎南表示，斯科特诉桑福德案属于司法问题，最高法院是唯一的最终裁判者，总统不会过问。

根据布坎南信件的精神，由南方大法官构成多数派的审判官中，都同意忽视《密苏里妥协案》的合宪性和黑人的公民权这两个问题，根据以往的经验，将斯科特的身份问题转交给密苏里州法院。由于密苏里州最高法院认为斯科特是奴隶，所以斯科特的身份就是奴隶。

1857年3月6日，历经数年、移交数个法院的斯科特诉桑福德案终于有了最终审判结果。首席大法官坦尼宣读了最终判决意见，共包括三个方面的内容：一、即使是自由的黑人也不是宪法所说的美利坚合众国公民，斯科特不是美利坚合众国宪法意义上的密苏里公民，没有资格起诉，巡回法院没有审判权，它的判决是错误的；二、《密苏里妥协案》超出了国会的宪法权力，斯科特不能因为居住在《密苏里妥协案》中禁止奴隶制的地区就成为自由人；三、斯科特不能因为曾经居住在《密苏里妥协案》中禁止奴隶制的地区就获得自由，一旦回到密苏里州，他的身份将重新受到密苏里州法律的支配。最终判决以7票通过，判处斯科特败诉。

激化南北矛盾

斯科特诉桑福德案是美国最高法院在以维护奴隶制为出发点的基础上做出的判决，这个判决激化了原本就已经十分尖锐的南北矛盾。判决生效后，即使那些原本不关注此案的北方人也加入废奴主义者的阵营。南方各州自然对此判决拍手称快，都认为该案证明了最高法院承认了州权的有效性，国会不该干涉各州自行决定奴隶制在本州是否合法的问题。

斯科特诉桑福德案也是美国最高法院史上的一个分水岭。在此案判决之前，最高法院拥有至高无上的威望，首席大法官坦尼是受人尊敬的君子，斯科特诉桑福德案的最终判决却令美国最高法院和坦尼这二者蒙羞，斯科特诉桑福德案成为司法专断的代名词，此后最高法院的大法官们都以之为耻，不敢谈论这件事。直到20世纪60年代，最高法院才将此案当作经验教训，在每次迎来游客时，都播放10分钟的纪录片，记录最高法院曾经有过的不光彩历史。

至于本案的主角斯科特，他于1857年5月26日被卖给第一位主人布洛家族，布洛家族让他们成为自由人，斯科特一家终于得偿夙愿。第二年，斯科特死于肺结核。三年后，南北战争爆发。

v 受理斯科特案的美国最高法院

现在各地游客参观美国最高法院时，会先看一部 10 分钟的短片，介绍最高法院的历史，其中特别提到 1857 年斯科特案判决的重大失误，自扬家丑，警告世人。

VISIBLE HISTORY OF THE WORLD

关键词：黑奴 / 奴隶制

为解放黑奴献身的约翰·布朗

■ 1800年～1859年

围绕奴隶制的问题，美国南北双方从1787年制定宪法时就有争执，但一直没有得到真正解决。一些废奴主义者曾尝试通过政治宣传唤起民众对奴隶制的憎恶；另一些废奴主义者则通过实际行动解放黑奴，帮助他们逃到北方或加拿大；一些充满人文关怀的文学家通过描述奴隶的悲惨生活来呼吁解放黑奴；还有一些政治家，多次尝试与南方奴隶主进行对话、谈判，但南方蓄奴制依旧根深蒂固。约翰·布朗起义，像一把尖锐的匕首，直插奴隶制度的心脏，吹响了废除奴隶制度的号角。

坚定的废奴主义者

约翰·布朗出生于康涅狄格州托林顿一个农民家庭，父亲欧文·布朗是坚定的废奴主义者。约翰·布朗自幼便目睹黑奴的悲惨遭遇，对奴隶制度无比憎恶，在父亲的影响下，他也

> 约翰·布朗的第一张照片，约1846年拍摄。

成为一个坚定的废奴主义者。

1793年，美国颁布《逃奴追缉法》。通过这部法律，奴隶主只要出示证明，就可将逃跑的黑奴重新抓回去。随着废奴运动的不断高涨，南方奴隶主与北方废奴主义者的矛盾也越来越不可调和，彼此敌对的情绪越来越明显。后来有些南方奴隶主将北方很多自由黑人以“逮捕自家逃奴”的名义逮捕到南方，激起了废奴主义者的强烈不满。从19世纪20年代起，北方各阶层都加入了废奴运动，报纸上每天都有解放黑奴的消息和评论。一些激进的废奴主义者还创建秘密的“地下铁路”，帮助黑奴逃离南方，将他们送到北方或加拿大。

^ 约翰·布朗像

出身于废奴主义世家，从小就决心废除“奴隶制的毒咒”。在1856年的堪萨斯冲突中，约翰·布朗参战，并打死了几位奴隶主，声名大振。1859年领导反奴隶制武装起义失败，被南方奴隶主杀害。

1834年，约翰·布朗也组织了一个废奴团体，帮助南方黑奴逃跑。在此期间，他深入南方了解黑奴的分布情况，然后绘制出一条黑奴的逃亡路线图，积极协助“地下铁路”的建设工作。约翰·布朗还了解了以往历史上奴隶起义的故事以及牙买加黑人的斗争史，对发动奴隶起义颇感兴趣。

1854年，《堪萨斯—内布拉斯加法案》通过不久，南方和北方的局势紧张起来。南方奴隶主派遣爪牙前往堪萨斯，武力逼迫堪萨斯实行奴隶制，激起了北方人民的反对，双方在堪萨斯发生了武装冲突，流血事件天天都在街头出现。当时约翰·布朗正在弗吉尼亚一带帮黑奴逃亡北方，听到消息之后，他立刻派自己的5个儿子前去堪萨斯参加战斗。之后，他也很快赶到堪萨斯，还在达奇亨利渡口打死了一批敌人，因此声名大振。堪萨斯流血事件给了约翰·布朗一次起义实践的机会，发动武装起义的想法在他脑海中日益成熟。

从1858年起，约翰·布朗开始四处奔波，为起义做准备工作。北方废奴主义者格利特·史密斯、乔治·斯特恩斯、富兰克林·桑波恩等人都对他大力支持，出资帮助他筹划起义。约翰·布朗还争取过黑人领袖弗雷德里克·道格拉斯跟他一起起义，试图借助他的感召力影响黑人，以扩大起义的影响力。但弗雷德里克·道格拉斯不赞成采取起义的方式，没有参与其中。另一个黑人领袖哈特·塔布曼同意起义，毫无保留地支持约翰·布朗。但在起义前夕，塔布曼痼疾发作，无法参与起义，只得作罢。即便如此，约翰·布朗仍旧坚持按计划发动武装起义。

一场不成功的暴动

1859年10月16日晚，59岁的约翰·布朗在弗吉尼亚州的哈帕斯渡口发动起义。哈帕斯位于马里兰州同弗吉尼亚州的交界处，波托马克河和申南多亚河在这里交会，四周是群山、沼泽和丛林，易守难攻，又是南北交通要道。最重要的是，附近就是联邦军火库，只要迅速占领这个军火库，起义的胜算就增加了几分。这些都是约翰·布朗反复思考过的，他对起义的成功满怀期待。

当晚追随布朗起义的共有21人，其中有5个黑人，约翰·布朗的3个儿子也参与了。由于策划良久，起义者很快就占领了联邦军械库。根据预先制订的计划，他们接着就要发动附近的黑人，通过军火库武装黑人，然后夺取哈帕斯渡口，赶到阿勒格尼山开展游击活动，同时策划黑奴逃亡，举行更大规模的武装起义，彻底推翻奴隶制。可计划赶不上变化，这支仅22人的起义军以无畏的斗志夺下联邦军火库之后，黑奴并没有像约翰·布朗之前所设想的那样争先恐后地投奔起义者，起义军力量并没有迅速壮大。

约翰·布朗起义的消息很快传遍全国，弗吉尼亚州州长亨利·怀特当晚就派重兵包围了起义者，罗伯特·李将军也率领联邦海军陆战队前来围攻。约翰·布朗并没有被重兵吓倒，依旧沉着地指挥起义军战斗。在同政府军激战一天两夜之后，9名起义者阵亡，约翰·布朗的两个儿子也战死在他身旁。布朗担心再坚持下去牺牲更大，被迫投降，与其他6名起义者一起被俘，余下的6人突围而去。

约翰·布朗和其他6名起义者被送往弗吉尼亚法庭审判，被法庭以背叛联邦的罪名判处死刑。在审判时，约翰·布朗对发动起义一点儿都不后悔。他大义凛然地在法庭上说："我相信，像我所做的那样，为那些受人轻视的穷人进行工作，并不是错误的，而是正确的。现在，如果有必要让我为正义事业付出生命，把我的鲜血和我的孩子们的鲜血，以及千百万个奴隶的鲜血混合起来——我同意。"

12月2日，约翰·布朗被处死。当天，美国很多地方都爆发了示威游行，北方各州下半旗志哀，教会鸣钟祈祷，高大的建筑物上蒙上了黑色的装饰，象征着对英雄牺牲的缅怀。

就义之前，约翰·布朗在给家人的遗书中写道："我，约翰·布朗，现在坚信只有用鲜血才能洗清这个有罪国土的罪恶。过去我自以为也许不用流很多鲜血就可以洗清它的罪恶，现在我认为这种想法是不现实的。"

吹响了解放黑奴的号角

约翰·布朗起义虽然失败了，却在美国乃至整个西方社会产生了极大

^ 临刑前的约翰·布朗

1859年12月2日，布朗英勇就义。他为了黑人的解放事业，献出了自己的生命。但他没有白白牺牲，在他死后两年，美国爆发了著名的南北战争。

的影响。

社会活动家温德尔·菲利普斯发表评论说：“约翰·布朗已经掘出了奴隶制的根。”马克思在致恩格斯的信中说：“现在世界上所发生的最大事件之一，是‘由于布朗的死而展开的美国奴隶解放运动’。”恩格斯也预言：“无论如何，奴隶制，显然会很快因这样那样的原因而完蛋。”厄尔·康拉德说：“在整个1859年~1860年冬天，全美国都为约翰·布朗起义之事激动，美国各个政党都在摩拳擦掌，准备迎接一次大搏斗。”

大搏斗很快就来了。1860年是美国大选之年，共和党提名亚伯拉罕·林肯为总统候选人，林肯是一位坚定的废奴主义者。大选结果揭晓，除新泽西州外，林肯获得了其余北部自由州的全部选票，以多票当选，成为美国第16任总统。这个消息对南方奴隶主来说无异于晴天霹雳，南方各州普遍认为，林肯和共和党的上台意味着联邦政府将出台更多有关人身自由的法令，将会有更多的奴隶逃出南方，也可能会发生更多类似于约翰·布朗起义的事件，也将会通过更多不利于南部各州的立法，因此对北方各州和联邦政府充满敌视。

约翰·布朗没有白白牺牲，他领导的起义吹响了解放黑奴的号角。全国废奴主义者在共和党的领导下，力量空前团结起来，将废奴运动推向了一个新的高潮。1861年，美国终于爆发了决定奴隶制存亡的南北战争。同年9月，在词作家朱莉亚·沃德·豪创作的《共和国战歌》的副歌中，约翰·布朗的精神被写入歌词：“约翰·布朗虽死，奴隶必将得自由，天上的群星慈祥地俯视茫茫大地……他的精神永不朽。”在南北战争期间，北方士兵高唱着“约翰·布朗的精神引导着我们前进”的歌词勇敢作战。南北战争结束后，约翰·布朗之歌还成为激励北方人民的战歌，体现了劳动人民不畏强暴，坚持用武装斗争消灭奴隶制的革命精神。

历史断面

奴隶的待遇

在美国，奴隶的待遇因境遇、时间和地点的不同而不同。待遇基本上是暴虐、贬损、非人性的。奴隶受到的惩罚包括鞭打、镣铐、上吊、殴打、火刑、烙刑、监禁。当奴隶拒绝服从或是故意违抗命令时会给予刑罚，但是奴隶主或监工为了重申自己的绝对掌控权也常常虐待奴隶。在较大的种植园，奴隶的待遇通常更加残忍，他们常常被监工虐待。而在较小的蓄奴家庭中，奴隶主和奴隶之间的关系相对较好，可以形成人性化的环境。

VISIBLE HISTORY OF THE WORLD

关键词：解放黑奴 / 林肯 / 暗杀

解放黑奴的林肯

■ 1809年～1865年

林肯具有独特的精神力量和伟大的人格，他的地位相当于音乐界的贝多芬、诗歌界的但丁、绘画界的拉斐尔和人生哲学界的基督。即使他不曾当选为总统，也将无可争辩地和现在一样伟大，但是这恐怕只有上帝知道。

——托尔斯泰

拓荒者之子

1809年2月12日，亚伯拉罕·林肯出生于肯塔基州哈丁县诺林溪畔一个农场的小木屋内，这一年他的父亲托马斯·林肯31岁，母亲南希25岁。为了迎接这个家庭的第一个男孩，托马斯用自己父亲的名字亚伯拉罕为儿子命名。

在林肯8岁的时候，托马斯将家迁到了印第安纳州，经过长途跋涉，他们终于在印第安纳的鸽子溪畔定居下来。这次迁徙对于年幼的林肯来说，无疑使他眼界大开，见到了许多从未见到过的东西。可惜好景不长，在林肯9岁那年，他的母亲南希因病去

^ 芝加哥公园的青年林肯雕像

世，童年的快乐时光就这样过去了，林肯和姐姐萨拉分担了家庭的重担。

不久，父亲托马斯与寡妇萨拉·布什成亲，家里也一下子显得热闹起来。母亲去世后，林肯断断续续地上过几天学，但并没有学到多少东西。即使如此，林肯还是对书产生了浓厚兴趣。在拓荒的间隙，林肯陆续阅读了《鲁滨孙漂流记》《伊索寓言》《圣经》《辛巴特水手》《天路历程》等著作。其中，他尤其喜爱《圣经》，看了一遍又一遍，对《圣经》内容极为熟悉。然而大多数时候，林肯还是要为生计奔忙。

涉足政治

林肯15岁时就经常站在树桩和围栏上做政治演说，他喜欢听律师们辩论，并且听在耳里、记在心里。对于出身贫寒的林肯来说，最好的人生道路莫过于当牧师、从事法律事业或投身政治。23岁时，林肯迁移到伊利诺伊州的小镇新塞勒姆，刚到这里7个月，他就参与竞选州议员，可惜没有成功。此前，林肯从事过渡船工、测量员、邮政所长、店员、农场雇工等工作。两年之后，25岁的林肯顺利当选桑加蒙县的众议员，从此进入政坛。在任期届满的时候，他获得了州法院所认可的律师资格。

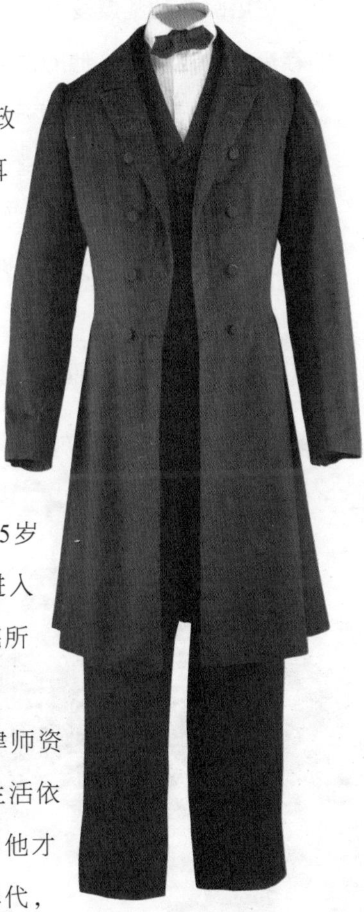
^ 林肯穿过的制服

虽然林肯担任了众议员，并且取得了律师资格，但是他的处境并没有得到多少改善，生活依然拮据，爱情之花迟迟未开，直到34岁时，他才和玛丽·托德成亲。在那个奴隶制猖獗的年代，林肯这样的政坛新人也必须面对这个问题。林肯是一个富有同情心的人，他反感奴隶制，在私下里他也表达过这种感情。作为一个崇尚民主制度的政治家，林肯的一举一动却必然要服从美国政治的游戏规则。在州议会讨论废除《逃亡奴隶法》时，林肯虽然认为《逃亡奴隶法》不公正，却拒绝投票赞成废除。他在私下里说："我承认，我痛恨看到这些可怜的人被追捕，可是我却不得不闭嘴，保持沉默。"

林肯—道格拉斯大辩论

在堪萨斯动乱爆发以前，林肯就已经在美国西北部崭露头角，奴隶制的存废问题已经进入他的视野。当国会通过《堪萨斯—内布拉斯加法案》的时候，羽翼丰满的林肯开始了坚决反对奴隶制的斗争。1854年10月16日，林肯在皮奥里亚的演说，明确表达了他对奴隶制的深恶痛绝，这个演说使他在西北部声名大振。他说："奴隶制是建立在人性中的自私自利上面的，是与人热爱正义的天性相违背的。这两个原则永远处在对抗状态，

∨ 在1858年的参议院竞选过程中，林肯和道格拉斯展开了七次辩论，这是美国历史上最著名的辩论，图为1858年两人在伊利诺伊州参议院活动期间辩论的盛况。

当它们猛烈冲突起来，种种震撼、剧痛和激烈就必定会无休止地随之而至。”

^ 林肯雕像

这座大理石的林肯雕像放置在林肯纪念馆正中央，他的手安放于椅子扶手两边，神情肃穆。雕像上方是一句题词：“林肯将永垂不朽，永存人民心里。”

四年以后，在伊利诺伊州的参议员选举中，林肯成为斯蒂芬·道格拉斯的竞争对手。1858年的整个夏季和秋季，林肯和道格拉斯两人走遍了全州每一地区，进行了七次当面辩论。在辩论场上，与衣着华丽、护卫森严的参议员道格拉斯不同的是，林肯经常徒步走到会场，他那满布皱纹的面容和瘦长的身躯在人群中十分突出。上讲台时，他步履蹒跚，身上穿的礼服老是皱巴巴的，也不是那么合身。他面向着观众时，脸上始终带着固定不变的忧郁表情。

在辩论中，道格拉斯指责林肯所倡导的废奴主义势必导致兄弟相残，林肯则用德雷德·斯科特案的判决来反驳道格拉斯的人民主权论。在弗里波特，林肯质问道格拉斯：“一个领地上的人民是否能够通过合法的途径，将奴隶制排除于他们的地界之外？”道格拉斯说：“奴隶制在任何地方都不能存在一天或一小时，除非它得到当地治安条例的支持……一个领地议会如果没有通过一部黑人法典，它就实际排除了奴隶制，因为没有一个奴隶主会在确信已有保障之前，把他的可贵财产带往一个领地。”道格拉斯由于这一所谓的“弗里波特主义”，在参议员选举中最后获胜。

1860年大选

在1860年美国大选开始之前，共和党人已在芝加哥召开了第一次全国代表大会，并特地建造了一所会场，可容1000名代表和9000名观众。1858年国会议员选举中的胜利，使共和党人有理由期望在1860年大选中取胜。这时的共和党已不再是一个具有单纯主义的政党，而是一个纯属于北部的政党。林肯是在共和党人的第三轮投票中获得总统候选人提名的。同时参选的还有北部民主党候选人斯蒂芬·道格拉斯、南部民主党候选人约翰·布雷肯里奇以及立宪联邦党候选人约翰·贝尔。

林肯在这次竞选中大获胜利，获得了除新泽西外所有自由州的选票。但是，南部十个州里没有一张选票投给林肯。布雷肯里奇则获得了每一个南方植棉州以及北卡罗来纳、特拉华和马里兰的选票。道格拉斯所得普选票总数仅次于林肯，却仅赢得三张选举人票。弗吉尼亚、肯塔基和田纳西的普选票都被贝尔收入囊中。

就职与分裂

林肯的当选，对于南部奴隶主的刺激是巨大的，在奴隶主阶层引起了极大的不满和恐惧。在破坏分子眼中，这是分裂联邦的绝佳时机。于是南卡罗来纳州首先“发难”，1860年12月20日，南卡罗来纳州宣布脱离联邦。次年1月，密西西比、佛罗里达、亚拉巴马、佐治亚、路易斯安那等州先后通过了脱离法令。2月，得克萨斯州宣布退出联邦。2月4日，由南卡罗来纳州牵头，佐治亚、亚拉巴马、密西西比、路易斯安那、佛罗里达和南卡罗来纳六州的代表，在亚拉巴马州的蒙哥马利市集会。8日，宣布成立“美利坚诸州同盟”，简称“南部同盟”。次日，这些州的42名代表推举杰斐逊·戴维斯为南部同盟的“临时总统”，亚历山大·斯蒂芬斯为“副总统”，并通过了一部临时宪法。

南部七州的分离行径，在北部引起的反应是复杂的。共和党激进派坚决主张对南部的叛乱行径进行严厉镇压。1861年1月29日，激进派代表人物撒迪厄斯·史蒂文斯在众议院严正指出，南部诸州的分离是叛国行动，应当严惩不贷。北部自由黑人领袖弗雷德里克·道格拉斯呼吁："现在已经到了必须用剑、步枪、火药和弹丸去粉碎奴隶主叛乱的时候了，舍此不能保全联邦。"但是北部民主党人对叛乱却抱有同情态度，威廉·加里森、温德尔·菲利普斯等废奴主义者甚至认为，只要让南部脱离就可以解决美国的奴隶制问题。

在这种复杂形势下，1861年3月4日，林肯宣誓就职。在就职演说中他阐述了自己对局势的认识和对政策的阐释。林肯认为："从一般法律和宪法的角度来看，各州组成的联邦是永久性的。""任何一个州都不能单凭自己的决议退出联邦；任何为此通过的决议和法令在法律上都是无效的。"在演说的结尾，他呼吁南部分离分子不要发动内战，他说："就自然条件来说，我们是不能分离的。我们既不能把各个区域各自搬开，也不能在它们之间筑起一堵不可逾越的城墙。"

就在宣誓就职的同一天，林肯收到了萨姆特要塞联邦驻军司令罗伯特·安德森少校送来的求援信，要塞于3月3日被南方军队包围。林肯迅速

> 1861年林肯在国会大厦前宣布就职时的情景，此时国会大厦圆顶仍在施工中。

视察军队的林肯

林肯一直致力于限制奴隶制扩张，黑人十分拥护他。林肯在参选总统时提出了言论自由、土地自由、劳动自由、人身自由的口号，产生了十分积极的影响。

召开了内阁会议，但是7名成员中竟有5名反对救援要塞。在这样的情形下，林肯毅然做出决断，下令解救萨姆特要塞。这一消息很快传到蒙哥马利市，南部联盟“总统”杰斐逊·戴维斯召开“内阁”会议，下令进攻萨姆特要塞。4月12日，南部军队开始炮击要塞，历时4年的美国内战正式爆发。

1862年革命立法

随着内战的不断深入和北部的初期失利，为了扭转战局，联邦政府在1862年相继通过了一系列法案。2月25日，众议院通过了禁止使用军队捕捉及引渡逃亡奴隶的法案。3月10日，参议院通过了这项法案。

4月16日，国会通过了在哥伦比亚特区禁止黑人奴隶制的法案。这个法案规定由政府以每人300美元的价格赎买所有奴隶，然后给予其自由。

5月20日，林肯签署了著名的《宅地法》。该法案规定：凡身为家长或年满21岁的美国公民，或决定依照美国入籍法的规定填写志愿入籍声明书，同时未曾持械反抗美国政府的人，自1863年1月1日起，只需交纳10美元登记费，即可领得160英亩国有土地；在此土地上耕种5年后，即可领取土地执照而成为土地所有者。《宅地法》是1862年立法中最具有进步意义的，它的颁布封闭了奴隶制向西扩张的道路，争取到西部人民对北部的广泛支持，有利于联邦军队在西部战场转入反攻。

《解放宣言》的正式颁布

随着内战形势的变化，1862年3月，林肯提出了逐步、有偿解放奴隶的方针。1862年6月，林肯明确表示，解决奴隶制问题的“时刻来到了，它使我感到奴隶制必须死亡，以便国家能够生存”。7月，林肯公开宣称将发表《解放宣言》。由于北方军的失利，林肯的这一设想被迫放弃。9月，随着安提塔姆战役胜利的消息传来，林肯获得了发布《解放宣言》的机会。9月22日，林肯在内阁会议上宣读了《初步解放宣言》草稿。9月24日，《初步解放宣言》公布于世。

林肯在《初步解放宣言》中宣布：在未参加叛乱的4个边界州中，将实行逐步、有偿地解放奴隶的措施；自1863年1月1日起，凡仍在叛乱的任何一个州或地区，其境内所有奴隶都应永远获得自由。《初步解放宣言》的发表，在美国反响极为强烈。废奴派领袖威廉·加里森称赞宣言是“一个伟大的历史事件……它的重要性和善行也使它产生了深远的影响”。

1863年1月1日，林肯正式颁发《解放宣言》。北部广大自由黑人欢呼雀跃，南部黑人奴隶开始大批逃往北部。南部奴隶主谩骂《解放宣言》

林肯召开内阁会议制定黑奴《解放宣言》

1863年1月1日，林肯依据宪法所授予的合众国陆海军总司令的职权，颁布了《解放宣言》。

是“美国历史上最骇人听闻的政治罪行，最愚蠢的政治错误”。《解放宣言》发表后，广大黑人踊跃参军，战斗热情高昂。一位黑人在群众集会上说：“如果我们不参加战斗，就是背叛了上帝、背叛了祖国、背叛了种族、背叛了我们自己。”到1863年10月，北部8个州和南部7个州已建立起58个黑人团，兵力达3万多人。他们作战骁勇，成为北方军中一支锐不可当的力量。

1864年大选

在战火和硝烟中，1864年总统选举开始了。这次选举受到了政治斗争及战争形势的影响，局面十分复杂。1864年6月，共和党继续提名林肯为总统候选人。由于当时北方战况不佳，加之林肯本人在关于战后南部重建问题上与激进派发生分歧，当时共和党内掀起了反对林肯的浪潮。约翰·福布斯攻击林肯说：“林肯是一个衰弱的总统，他缺乏活力、决心、果敢，因此国家遭受了苦难。”他提出让萨蒙·蔡斯作为总统候选人。同时一些激进派人士也攻击林肯“蓄意侵犯人民的立法权限”，到处鼓动要求重新考虑林肯的候选人资格。共和党的不和给民主党创造了机会，他们进行反战宣传，煽动对黑人的种族仇恨，对林肯大肆诋毁，提名麦克莱伦为总统候选人。形势对林肯极为不利，有人劝林肯以议和进行妥协，但被林肯否决。

然而随着战局的变化，北军开始掌握主动权，政治形势变得对林肯有利起来。9月10日，北军大将谢尔曼在亚特兰大捷报频传，增强了林肯在竞选中的地位。11月8日，林肯终于再度当选为总统。当选后，林肯立即吁请国会考虑通过宪法第13条修正案，把解放奴隶的措施以宪法形式确定下来。他在12月的国会咨文中说：“在我继续留在目前的地位时，我不打算撤回或修改《解放宣言》，也不会把根据这个宣言或国会的任何法案而获得自由的任何人送回去重新当奴隶。”1865年1月1日，众议院以119票

^ 林肯遇刺时的场景复原图

1865 年 4 月 14 日，林肯在华盛顿福特剧院被支持奴隶制度的演员约翰·维尔克斯·布思刺杀。第二天清晨，林肯停止了呼吸。林肯遇难引起了美国人民巨大的悲痛，150 万人瞻仰了他的遗容，700 多万人参加了悼念活动。林肯获得了美国和全世界人民的崇敬和赞扬。

对56票通过宪法修正案。1865年年末，第13条修正案正式生效，奴隶制在美国终于被终结了。

黎明陨星

1865年4月，南军统帅罗伯特·李投降后，美国内战结束。其后的第三天，林肯发表了他人生中最后一次公开演说。在演说中林肯重申了对南部重建问题的意见和政策，提出南部只要有10%的白人举行忠诚宣誓并组成州政府，即可重新加入联邦。林肯拒绝逮捕内战元凶戴维斯及其内阁成员，并主张不迫害或杀害过去的敌人。

然而林肯的宽容大度并没有赢得南部奴隶主的认同，他们对林肯的仇恨在不断加强。1865年4月14日，林肯召开了最后一次内阁会议，决定取消

^ 华盛顿特区的林肯纪念堂，它被视为美国永恒的塑像及华盛顿市的标志，为纪念美国第16任总统亚伯拉罕·林肯而建。

对南部的封锁。当晚，他偕夫人来到福特剧院，参加庆祝胜利的晚会。就在林肯观看演出时，一个顽固支持南部的演员约翰·维尔克斯·布思混进了包厢，在背后开枪射中了林肯。翌日清晨，林肯与世长辞。

林肯逝世后，许多国家的进步人士纷纷举行哀悼仪式，发表演讲和宣言，表达对林肯的敬仰和怀念。林肯受到如此广泛的崇敬与赞美，实在是当之无愧。他领导美国人民进行了一场维护进步与统一的斗争，推动了美国社会的发展。他坚持奉行“一切人生而平等”的原则，倡导“民有、民治、民享”，其思想闪烁着资产阶级民主主义的光辉。他坚定不移地反对奴隶制，《解放宣言》这一废除奴隶制的历史文献，已经永远同林肯的名字联系在了一起。

VISIBLE HISTORY OF THE WORLD

关键词:《解放宣言》

内战爆发

▪ 1861年

1860 年，就在美国南北双方为奴隶制的存续已剑拔弩张之际，新一届的总统大选也如期举行，此次选举非比寻常，因为结果很可能影响到这个已经处在动荡边缘国度的未来走向，因此也吸引了利益各方的关注与参与。到 11 月，结果出炉，持废奴态度的共和党人亚伯拉罕 · 林肯当选为新一任美利坚合众国总统，一石激起千层浪，心有不甘的南方奴隶主们选择了以一种最为极端的方式给予回应：战争！

叛军蜂起

前文也提过，林肯虽然是主张废除奴隶制的共和党人，但属于其中的温和派，主张以和平方式来解决南北双方分歧，在谈判桌上解决问题。毕竟作为总统，维护国家的和平与统一是首要的职责，正如他写给《纽约论坛报》编辑格瑞莱的信中提到的："我的最高目标是拯救联邦，既不是保存奴隶制度，亦非摧毁奴隶制度。如果不解放一个奴隶就能保存联邦，我就一个不解放；如果解放全部奴隶就能保存联邦，我就全部解放；如果解放一部分奴隶，不解放其他奴隶就能保存联邦，我也照办。"

然而南方的奴隶主们不这么想，长期的观念对峙和利益冲突已经让他们对目前的形势感到绝望与厌倦，北方民众站在道义高度的指责所带来的压力，也使这些内心脆弱的种植园主心理阈值极其敏感，容不得一点变量。虽然林肯在上任之初释放了愿意谈判的善意，但是在南方种植园主眼里，只要是共和党人、北方人，那就是来剥夺他们的财富、毁灭他们的生活方式，甚至要把他们抄家灭族的恶魔刽子手，而和谈一定只是这些扬基佬释放出来的幌子。那么要怎么对付这些居心叵测的恶魔呢？民风素来剽悍勇武的南方人做出的回应也很直接——造反！

造反当然不是很容易的，南方人出于一贯的不安全感，早就对此做了周密准备。林肯的前任，代表南方利益的詹姆斯·布坎南总统在位期间，曾以加强军备的名义，将大量的军火和物资输送到南方的武器库，并从国库拨款供南方训练民兵，名义上是为了应对边境上墨西哥的威胁，实则是在积蓄力量密谋造反。因为南方也很清楚，北方的经济体量、人口基数都远超南方，工业实力更是碾压南方，南方要想获胜的唯一办法，只有依靠精兵强将，悉心准备后出其不意地一击制胜，迫使北方接受既成事实，从而维持独立。

而林肯和他所统领的联邦政府显然低估了南方的野心和行动能力，林肯当选以来一直试图用安抚的手段来维持局面，并没有在军事打击上做好准备。然而局势的发展显然出乎意料，1861年2月，也就是他当选不到3个月的时间，南方7个蓄奴州（南卡罗来纳、佐治亚、亚拉巴马、佛罗里达、密西西比、路易斯安那和得克萨斯诸州）宣布独立，组成邦联政府，定都里士满，杰斐逊·戴维斯当选“总统”。同年4月12日，南方邦联军先发制人攻击政府控制下的南卡罗来纳州查尔斯顿港的萨姆特要塞，打响了内战的第一枪。

初战失利

南方咄咄逼人的激进态度使林肯和联邦政府一切试图和平解决对抗的

努力都付诸东流了，他们不得不接受内战已经爆发的事实。既然南方已经举起了叛乱大旗，现在最要紧的自然是平息事变。4月15日，林肯宣布南方七州叛乱，下战争动员令，以确保联邦统一。此举刺激了四个观望中的蓄奴州，于是4月17日，弗吉尼亚州议会投票决定有条件地脱离联邦，接着阿肯色、北卡罗来纳、田纳西三州也相继宣布独立。两天后，林肯总统下令对南方分裂地区进行经济封锁，南北战争正式爆发。

然而直到此刻，联邦政府还是没有意识到情况的严重性，因为在他们眼里北方实力大大超过南方：北方23个州有2234万人口，南方7个州只有910万人口，并且近一半是黑奴。北方有发达的工业以及2.2万英里的铁路网，而南方工业薄弱，铁路也只有9000英里。南方在如此悬殊的力量对比下还执意挑起战端，林肯甚至认为这是一种政治手段，“会哭的孩子有奶吃”，以为南方这是用一种激进的态度来向联邦政府索取利益，这种想法大大低估了南方人捍卫自己传统文化和生活方式的决心——尽管这种生活方式是建立在黑奴的血泪之上的。

在对南方判断失误的情况下，林肯的操作就颇有些像中国靖难之役中的皇帝朱允炆，一句“勿使朕有杀叔之名”使得前线将领束手束脚，次次都大败而归。而林肯总统也在平叛和招抚中反复纠结，企图小心翼翼地控制着战争的规模，不愿意跟南方彻底撕破脸皮，其结果也可想而知了。

而南方就没有这么客气了，在名将罗伯特·李与托马斯·杰克逊等人的指挥下，南军先是在1862年7月的马纳萨斯会战中大胜向里士满进军的北方部队，随后又在半岛战役中利用北军指挥官的保守和犹豫抓住战机以弱胜强，把北军逐出了里士满附近的半岛，解除了对“首都”的威胁。

至此南方夺取了战争的主动权，罗伯特·李开始率领他不足5万人的北弗吉尼亚集团军反攻华盛顿，在第二次马纳萨斯会战中，李将军用了一种汉尼拔式的巧妙迂回战术，以寡击众，大破北军主力，兵临华盛顿

^ 第一次马纳萨斯战役的场景

城下。张皇失措的北军总司令乔治·麦克莱伦少将费尽九牛二虎之力才在血腥的安提塔姆战役中挡住了南方的攻势，然而李还是凭借大胆的指挥全身而退，至此战争陷入僵局。

战略调整与变革

战争开始的第一年，由于北方的克制以及南方

军力所限，双方的战场主要在大陆的东线，围绕着争夺对方首都而展开激战。本身实力占优的北军由于指挥失当，损失惨重却毫无战果，这在联邦内部引发了极大不满。部分国会议员以及激进派的废奴主义者认为，这是总统迟迟未对战争的性质做出表态，未能明确废奴主张造成的。联邦政府拿不出统一的思想，导致前线士兵不知因何而战，士气低落，同时美国在国内和国际社会上都缺乏认同和支持，才导致了前线的惨败。而反例就是南方军，虽然他们是奴隶主的利益代言人，但是因为有“保卫我们的家园生活”这一坚定的信条，反倒是士气高涨，屡屡以弱胜强。总之，是北方需要做出改变的时候了。

在铺天盖地的批评声中，林肯作为伟大的政治家，也反思了自己在前期政策上的失误，果断采纳了正确的意见。1862年9月22日，林肯发表公开讲话，宣布解放黑人奴隶，即在1863年元旦以前如果南方叛乱者不放下武器，叛乱诸州的奴隶将无条件获得自由。伴随而来的还有一系列配套的政策措施，首先是武装黑人的政策，允许南方逃亡过来的黑奴参军，翻身做主去找当年欺压自己的奴隶主报仇。同时颁布《宅地法》，规定一切忠于联邦的成年人，只要交付10美元的登记费，就可以在西部领取大片土地，同时在土地上耕种5年后就可以成为这块土地的所有者。此举遏制了

^ 林肯总统撰写《解放宣言》的场景画

南方奴隶制种植园向西扩张的势头，给无数贫苦移民和黑人奴隶提供了土地，促进了西部的开发，这些分到土地的农民也成了联邦政府最坚定的支持者和可靠的兵源。

历史断面

华盛顿与里士满

作为南北双方各自的首府，其实华盛顿和里士满两座城市离得非常近——两地距离只有 170 千米，如今开车大约只需要一个半小时，当年即使是徒步行军也只有一星期的路程。所以开战初期双方不约而同地选择了以进攻对方首都为主要的作战目标，一旦拿下，战争就有望结束。然而也正是因为首都的前线属性，“天子守国门”的双方都在各自首都囤积了重兵辅以坚固的防御工事，导致屡次争夺都无功而返，最后战争的胜利还是依靠谢尔曼在外线的大迂回而达成的。

林肯政府的这一系列举措，尤其是解放黑人奴隶的宣言，不亚于一针强心剂，极大鼓舞和振奋了北方摇摇欲坠的士气，自此南北战争的性质发生了改变，不再只是一个政府内部针对分裂势力而进行的统一战争，更代表了人类先进文明的资本主义工业化社会对于落后的种植园奴隶制经济的清算，从道义上，从人权上，都牢牢把握了制高点。

消息传到南方后，成千上万的黑人奴隶逃往北方，获得了梦寐以求的自由，而在国际社会，《解放宣言》的发表使很多对美国内战持观望态度的民意发生了转变，更多的人开始支持联邦去粉碎奴隶制度，同时也封死了南方政权企图获取国际社会支持的希望之门。本来英国政府还与南方虚与委蛇，《解放宣言》一出，人人都对南方避之不及——谁愿意沾上一个与奴隶主狼狈为奸的恶名呢？正如美国历史学家亨利·亚当斯所评论的："《解放宣言》比我们之前的胜仗与外交策略做得更多。"

1863年1月1日，林肯正式实施解放黑奴的命令，"人人生而平等"这句话在《独立宣言》诞生近百年之际，终于在北美这片土地上实现了。北方也终于挺过了最艰难的战争阶段，形势利好，再次占据了主动权，从而也看到了胜利的曙光。

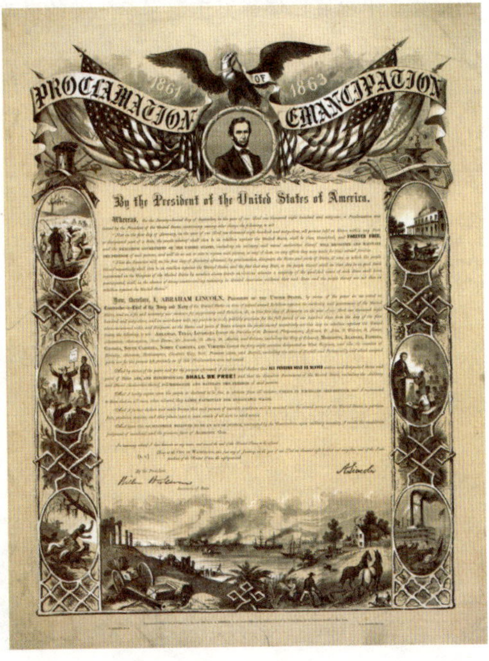

> 《解放宣言》的重制本，现存于俄亥俄州辛辛那提的国家地下铁路自由中心。

VISIBLE HISTORY OF THE WORLD

关键词：葛底斯堡战役

葛底斯堡战役

▪ 1863年

葛底斯堡战役是美国内战期间，在1863年六七月间所发生的一系列战斗的合称。南部同盟军司令罗伯特·李上将在钱瑟勒斯维尔战役获胜后，率领他的北弗吉尼亚集团军主动进攻弗吉尼亚、马里兰和宾夕法尼亚诸州。北军在乔治·米德少将的指挥下于葛底斯堡最终击退了李所部的进攻，给予南军以沉重的打击。此战之前，南北双方是互有攻守，南军胜多负少；此战过后，南军基本转入战略防御阶段，再也无力发动对北方的进攻，因此葛底斯堡战役也被称为美国内战的转折点。

难掩的窘况

1863年，美国内战已进入第三个年头。在军事战线上不占优势的北方全面发动了国家机器，战争潜力上已经完全碾压了南方。以人口为例，总人口2000多万的北方可以轻松征召几十万人的大军，而不会对社会生产造成大的影响，而南方

1861年4月，在持续的炮轰下，萨姆特要塞的联邦军队终于被击溃，南部同盟在这里插上了“国旗”。

^ 1861 年斯科特“蟒蛇计划”的漫画

斯科特的计划是以联邦封锁主要港口来削弱南方同盟经济，然后控制密西西比河以击败南方。

如果要维持30万到50万人的常备军队，棉花田和农田里就几乎见不到成年的男性劳动力了，好莱坞电影《冷山》中裘德·洛离开家乡参加南军后，妮可·基德曼饰演的女主角甚至不得不自己从事农业生产，就是这一时期南方社会的真实写照。

再说军火生产，战前南方几乎没有兵工厂，战争期间经过突击建设，一年大约能生产6万多支来复枪，火炮和弹药生产更是严重不足，而北方仅仅国营兵工厂每年就能生产来复枪40多万支，火炮和弹药也完全能满足前线的需要。再说后勤补给，北方士兵每人每天可以分得300克的猪肉或火腿、600克的新鲜牛肉、500克的面包或面包粉，以及大量的盐、糖、

∧罗伯特·李肖像图

出生于弗吉尼亚的罗伯特·李在美国南北战争中，是南部同盟军的总司令。内战中在马纳萨斯会战等战役中大获全胜，战后积极从事教育行业。

咖啡等物资，以至一位随军的法国观察员都感叹，美国人浪费的补给都够养活半支法国陆军了。反观南方，虽然是农业发达的地区，却因为长期的战争而陷入了生产严重不足的窘境，士兵的口粮只有面包和咸肉，很多步兵因为缺少军靴甚至不得不光脚行军（这也是李为什么率军进攻宾夕法尼亚州的原因，宾州在当时是美国的鞋业制造中心）。在美国一些有识之士的眼中，南方的失败只是个时间问题。

军队补给不畅，物价飞涨，民众怨声载道，这些困难让南方同盟政府认识到他们必须迅速取得战场上的胜利，不然持久性的作战会让南方从经济上彻底崩溃。当时南方军在西部战线的战略要地维克斯堡被北军将领格兰特团团包围，这座要塞是密西西比河上的战略要地，一旦丢失后果不堪设想。一些南军将领建议用铁路这种新型交通工具将李将军所部的东线主力调往维克斯堡，先击败格兰特的北军。但罗伯特·李否定了这一意见，这位将军不信任铁路这种交通方式，认为其无法承担大军运输的任务。罗伯特·李的意见是从东部战线出击，向富饶的宾夕法尼亚进攻，夺取北军的给养以战养战，然后寻找战机进攻华盛顿，最终迫使北方接受有利于南方的停战条约。经过一番考虑，南方同盟政府批准了李的作战计划，一场新的大战即将来临。

前哨战

1863年6月，得到加强的南军北弗吉尼亚集团军在李的率领下，以7.5

万人的兵力全员北上，目标直指华盛顿。当时负责防守华盛顿的北军将领是李的手下败将约瑟夫·胡克少将，胡克手下的波托马克集团军有12万名步兵、1.2万名骑兵和400多门大炮。尽管兵力和士气都占有优势，可丧胆的胡克还向林肯请求增援。无奈之下，林肯只能冒兵家大忌临阵易帅，任命行事果决的乔治·米德少将接替畏敌如虎的胡克指挥波托马克集团军。7月1日，南北两军的先头部队都来到小镇葛底斯堡驻扎，但双方谁也不知道对方就在前方几千米处安营。由于葛底斯堡镇上有鞋厂，严重缺乏军备的南军派出一支部队去镇上征集皮鞋，结果和北军的骑兵遭遇，双方立刻进入交火状态并向后方呼唤援军，葛底斯堡战役就这样戏剧性地揭开了序幕。

^ 纪念葛底斯堡战役中士兵的浮雕

接到前方的军情报告后，反应迅速的李立刻调集了2.5万人的大军进攻葛底斯堡镇，镇内的北军也在得到增援后拼死抵抗，多次打退了南军的进攻。当天下午，北军第1军的军长约翰·雷诺兹少将被南军狙击手打死，陷入指挥混乱的北军被迫从镇中撤退。幸运的是，北军的一个旅和一支炮兵部队占据了镇南的制高点公墓岭，并在这座南北走向的小山上修筑起了坚固的工事。

7月2日，经过休整的南军向公墓岭的北军阵地发动猛攻。双方激战一个白天，北军死守不退。黄昏时分，驻守公墓岭南端阵地的北军一个团几乎伤亡殆尽，眼看已经无法以火力打退南军的下一次进攻。阵地上北军的最高长官张伯伦横下一条心，命令仅存的80多名士兵全部上刺刀，然后亲自率领他们对南军发动反冲锋。所谓狭路相逢勇者胜，猝不及防的南军被张伯伦的冲锋打得抱头鼠窜，连山脚下的出发阵地都被北军占领，被俘的

^在葛底斯堡战役中阵亡的联邦军

南军士兵超过了400人，张伯伦的这次冲锋也成为美国内战中北军的神来之笔。

皮克特的冲锋

7月3日，葛底斯堡战役进入残酷的第三天。补给困难、四面皆敌的李决定孤注一掷，向公墓岭的北军阵地发起猛攻，一举突破北军防线。当天下午一点，南军集中了全部130多门火炮，向北军阵地猛烈轰击，一度给北军造成了重大伤亡，而北军的炮兵也进行了猛烈的还击，双方大炮的轰鸣声甚至超过了尼亚加拉瀑布隆隆的水声。到下午两点半，南军炮兵几乎打光了所有储备的炮弹，而北军还击的炮火也开始减弱。李命令部下率领一个主力师向北军阵地发起进攻，这一命令遭到了朗斯特里特中将的强烈反对，后者认为进攻如此坚固的阵地会带来巨大的伤亡，因此拒绝执行这一命令。无奈之下，李只好把命令下达给乔治·皮克特少将，让其率领一个师1.5万人执行这一进攻。

皮克特将自己的一个师分成三列横排队形，每列大约5000人，横排长约1000米，然后这些南军士兵就在军旗的指引和军鼓的伴奏下穿过了开阔地，向着公墓岭阵地前进。当皮克特的部队进入北军射程后，隐藏已久的北军线膛炮和滑膛炮先后开始射击。这些12磅左右的野战炮炮弹像冰雹一样发射到南军头上，无数的士兵像被巨斧砍伐的木桩一样倒下，鲜血流满了大地。

在隆隆的炮声中，皮克特所部的南军士兵还是冲上了公墓岭阵地，尽管1.5万人已经有一半牺牲在了冲锋的路上，全师的3位旅长两人阵亡，15位团长无一幸免，但南军还是冲入了北军的战壕，双方将士就在战壕中爆

^ 葛底斯堡战役中，皮克特率领 1.5 万名南军进行了一次穿越麦田的自杀性冲锋。这次冲锋双方有 5 万人战死，南方军队元气大伤，已不能与强大的联邦军抗衡。

发了激烈的白刃战。一时间刀光四起，鲜血飞溅，一会儿是南军的军旗在公墓岭升起，很快又被北军降下，一会儿是南军夺取了北军的火炮，很快又被北军逐出阵地……最终，南军还是撤回了进攻出发地，1.5万人的军队只有5000人生还，高级军官里面只有皮克特一人没有阵亡。这名将军来到李的指挥部，痛哭流涕地讲述自己的部队如何伤亡惨重。性格温和的李并没有怪罪部下，而是反复地说都是自己的错误决定造成的失败，希望部下们能振作起来。

全军撤退

7月4日上午，南北两军仍然在紧张对峙之中，李在得到己方的战场损失统计后，知道自己必须迅速撤退了。在三天的激烈战斗中，南军伤亡2.8万人，几乎占到全军总兵力的三分之一。虽然北军也有两万多人的伤亡，但一来北军人数占优，二来北军随时可以得到来自华盛顿的增援，再对峙下去北弗吉尼亚集团军有全军覆灭的可能。当天夜里，狂风大作，雷雨交加，李指挥着南军在风雨和夜色的掩护下向南撤退。尽管南军士气不振，但在李的组织指挥下，所有的马车、火炮和伤员全部被安排得井井有条，安全地撤过了波托马克河。慑于李之前的不败威名，米德没有进行坚决的追击，而是率领部队跟随在南军后面谨慎行军，将南军主力“礼送出境”。这一错误的做法让林肯总统大失所望，他抱怨说米德的追击动作比老妇人赶鹅群渡过小溪还要缓慢。

南北战争中最大的一次战役葛底斯堡战役就此结束，无论如何，北军在南北战争中第一次取得了大捷。这一天正是美利坚合众国的国庆日，更加巧合的是，北军在西线的格兰特少将也在同一天攻克了重镇维克斯堡，将南方控制区分割为东西两半。尽管这场内战的结束还需要一系列的战斗，但此后南方再也没有能力入侵北方，笼罩在北军将领头上的罗伯特·李的不败神话也被彻底粉碎。

葛底斯堡战役最后一天，联邦军击退南方同盟军。

VISIBLE HISTORY OF THE WORLD

关键词：密西西比河 / 向海洋进军

向海洋进军与内战终结

▪ 1863年

随着谢尔曼向海洋进军的胜利，4 年的血腥内战终于要走到终点。这场让美国获得新生的战争是残酷的，它让上百万美国人失去了生命，直接经济损失超过 200 亿美元；但同时它又具有积极的意义：一个崭新、统一的国家出现在北美大陆上，它拥有丰富的自然资源和人力资源，无数的发明被创造出来，无数的工业品堆积在工厂，美国的铁路里程迅速从 1865 年的 3.5 万千米增加到 1900 年的 20 万千米……这场战争结束之后，不过两代人的时间，美国就已经发展成为世界上最强大的资本主义国家，而这些成就和美国内战具有不可分割的联系。

密西西比河上的胜利

美国内战从一开始，就分为了东部和西部两个战场。南军在东部战场遭遇了葛底斯堡惨败，那西部战场的南军情况又如何呢？答案是更加危急，甚至还不如惨败后的东部战场，因为南军在西部战场遇到了一位北军猛将，这个人就是后来的美国陆军司令、第18任美国总统尤利西斯·格兰特上将。

^ 尤利西斯·格兰特肖像

^ 1863年5月14日时的维克斯堡战役场景，双方士兵正互相射击。维克斯堡是密西西比河畔的一座小城，在此地进行的维克斯堡战役历时9个月，是美国南北战争的重要转折点。

和很多美国内战时的著名将领一样，格兰特也是西点军校毕业的高才生，在美墨战争中表现出色，因此得到了晋升。战争结束后，格兰特染上了酗酒的恶习，每天喝得酩酊大醉，最终被强制退伍。美国内战爆发后，北方急需有作战经验的军官，因此格兰特很快回到现役，并凭借一系列出色的表现升职为准将。1862年10月，格兰特被任命为田纳西战区的北军司令，率领5万人的大军进攻南军在密西西比河上的两座军事堡垒——维克斯堡和哈得孙堡。密西西比河是美国最大的河流，被称为“众河之父”。由于水量巨大，形成了天然的优良航道，因此内战期间密西西比河成了南军的运输大动脉，大量的部队和军需补给都是通过密西西比河进行输送。维克斯堡和哈得孙堡控制着整个河面，要想切断南军的大动脉就必须拿下这两座堡垒。

为了达到出奇制胜的效果，格兰特亲自率领两万大军在黑夜渡过密西西比河，从维克斯堡的背后发动突袭。等南军反应过来，维克斯堡外围的防线已经全部被北军占领，整个堡垒陷入了北军的四面包围之中。北军一边围困，一边进攻，甚至还动用海军军舰对维克斯堡进行猛烈炮击。守堡的南军孤立无援、弹尽粮绝，甚至不得不以蛇和老鼠充饥，已经无法再坚持下去。1863年7月4日，维克斯堡的2.9万名守军向格兰特投降。5天后，哈得孙堡的守军也宣布投降，南军控制的区域被分割成两半，格兰特帮助北军取得了内战以来最大的一场胜利。

节节胜利

1864年，林肯任命格兰特为北军总司令，希望他能带领北军取得最后的胜利。格兰特向林肯提出了自己的作战计划——向南军发动全线进攻，以罗伯特·李的北弗吉尼亚集团军为重点打击对象，消灭南军的有生力量。

当年5月，格兰特指挥12万大军，穿越地形复杂的荒原，向罗伯特·李所部发动了攻势。据说米德少将向格兰特请示战斗方略时，格兰特面无表情地回答说——找到他（李和他的部队），抓住他，消灭他。罗伯特·李发现格兰特来势汹汹，就派遣部分部队从侧翼袭击格兰特的主力，格兰特一面应战，一面也试图包抄李的侧翼。双方的侧翼包围战都被对方发现，不得不转入残酷的阵地战，南军构筑了长达10千米的防线，等待北军进攻的开始。6月1日，北军发动了全线攻击，但都被南军击退。接下来是长达10天的对峙，北军无法突破南军的防线，南军也无力赶走北军，双方的将士在残酷的战斗中尸横遍野，一些无法得到救治的重伤员在战壕中因为饥饿和缺水而慢慢地走向死亡。为了让自己在战死后能够被别人发现，北军士兵在冲向南军阵地之前，不得不在自己后背用别针别上一张字条，写明自己的姓名和籍贯，以供战后认领尸体时所用，战场的残酷性由此可见一斑。最终，物资缺乏的南军还是没能守住自己的防线，罗伯特·李指挥部队向里士满撤退。在这场被称为弗吉尼亚战役的血腥战斗中，格兰特所部12万人伤亡近半，罗伯特·李的北弗吉尼亚集团军也损失了3万人。但不同的是北方的新兵源源不断地补充到格兰特的军队，罗伯特·李却很难得到补充，他只能收缩阵线，用防守来迟滞北军的进攻。

6月12日，罗伯特·李将南军主力撤入距离里士满40千米的彼得斯堡，双方又形成对峙局面。苦于彼得斯堡地势险要，格兰特缺乏足够的重炮攻破南军防线，于是他命令部下挖掘地道通向南军阵地，想在坚固的城墙下面埋炸药进行爆破。但罗伯特·李识破了格兰特的意图，已挖好的地道被南军发现，他们用炸药封住了北军的地道，致使大量的北军士兵被埋在了地下。格兰特认识到短时间内攻破彼得斯堡是不可能的，他决定围困住罗

布面油画《和平缔造者》

现藏于美国白宫历史协会。乔治·皮特·亚历山大·希利约创作于1868年。画中描绘的是美国南北战争最后一天，在“River Queen”号轮船上召开最高军事会议的场景。会议决定，结束战争，缔结和平条约。画中的四个著名人物，由左向右依次为：联邦军主要将领谢尔曼、陆军总司令格兰特、总统林肯、海军司令波特上将。

伯特·李，等待时机。就这样，南北两军在彼得斯堡对峙了整整9个月，到1865年3月，格兰特的兵力仍然有11万人，而罗伯特·李的部队已经剩下不到5万人。4月2日深夜，罗伯特·李的军队悄悄撤出彼得斯堡。4月3日，格兰特的大军进入了南方的首都里士满。接着，格兰特毫不停留地继续追击罗伯特·李，准备在自己早已伏下的奇兵的配合下，歼灭南军最后的有生力量。

向海洋进军

格兰特中将布下的奇兵是怎么回事呢？早在1864年的夏天，格兰特中将在东部战场向罗伯特·李上将发动进攻之前，就已经给西部战场的北军司令谢尔曼少将下达了命令，要求其率领一支大军向南方腹地发动进攻，占领南方主要工业区佐治亚州，彻底毁灭南方的经济。

谢尔曼没有让格兰特失望，率领10万北军先后击败了南军将领约翰逊和胡德的部队，攻入了佐治亚州，并于9月1日占领了南方重镇亚特兰大市。谢尔曼在占领后对当地居民下达了公告，要求所有民兵放下武器，所有市民离开市区。之后，北军在当年11月离开亚特兰大之前，纵火焚烧了整个亚特兰大。大火迅速蔓延全城，北军士兵禁止撤出城外的亚特兰大居民救火，一旦发现救火格杀勿论。就

˅ 谢尔曼肖像

葛底斯堡国家烈士公墓，是美国最受尊敬的历史性地标之一。

这样，亚特兰大的大火足足燃烧了半个月，翻腾的烈火蹿起一百多米高，把整个天空烧得如同白昼，在距离亚特兰大几十千米之外都能看到被烈火烧红的天空。城外，无数绝望的亚特兰大居民眼睁睁地看着自己的家园被烈火无情地吞噬，他们无助的哭声震天动地……对于自己的所作所为，谢尔曼少将并不觉得有任何道义上的愧疚，他说："我就是要让整个佐治亚州都鬼哭狼嚎！我就是要让整个佐治亚州变成人间地狱！我就是要让所有佐治亚人，不管男女老少，不管穷人和富人，都感受到刻骨铭心的痛苦……让他们永远不敢再想独立，永远不敢诉诸战争。"

火烧亚特兰大之后，谢尔曼率领大军向沿海地区前进，他的部队轻装前进，在沿途随意征发物资，并摧毁当地的经济设施，包括工厂、农田和铁路。当年12月，谢尔曼的部队占领了南方最重要的港口萨凡纳，南军的失败已经不可避免。谢尔曼在萨凡纳休整一个月后，于1865年2月1日开始向北进军，很快就穿过南卡罗来纳州，沿途北军摧毁了农场、庄稼，农场的牲畜被带走或被杀。谢尔曼所部的所作所为很快传到了罗伯特·李部下的耳朵里，南军战士们纷纷开了小差，回家去保护自己的亲人，南军的士气一落千丈。

4月9日，谢尔曼所部切断了罗伯特·李向西的唯一退路，南军残部已经无路可走了。为了保全部下的生命，罗伯特·李下令竖起一面白旗，请求与对手会谈。在一个叫作阿波马托克斯的小村里，两位美国内战中最伟大的将军见面了：罗伯特·李穿上了披挂全新的军装，挎着镶嵌宝石的指挥刀；格兰特穿着士兵服，纽扣没有扣上，也没有带指挥刀。最终，格兰特亲手写下了投降条件，双方签字。得到南军投降的消息后，北军发出了震耳欲聋的欢呼，历时四年的美国内战终于以北方的彻底胜利而宣告结束。

在世界军事史上，美国内战也具有重大的意义。正是在这场战争中，近代性的武器得到了大量的使用：有弹匣的步枪、铁丝网、手掷的炸弹、观测气球、潜水艇、野战电话都成为战场上的重要角色，人类的战争形态正在发生重要的变化。《西洋世界军事史》的作者J. F. C. 富勒就曾感慨地说道："如果欧洲列强对美国内战的教训进行过深刻的研究，那么在1914年到1918年的'一战'中就不会犯下那么多的错误了。"

∨ 罗伯特·李将军请降，与格兰特将军在阿波马托克斯的法院会面，随后南军投降。历时四年的美国内战宣告结束。

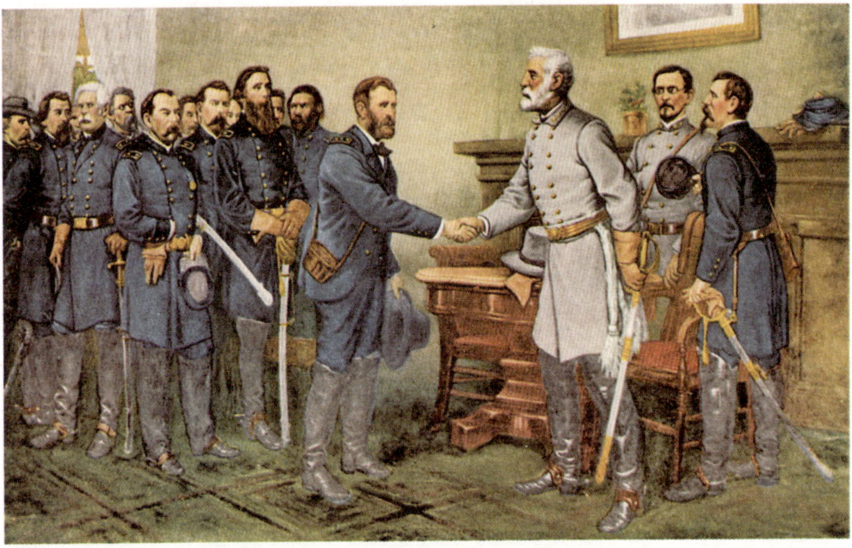

VISIBLE HISTORY OF THE WORLD

关键词：重建 / 三 K 党 / 激进派

重建南方

■ 1865年～1869年

1865 年 4 月林肯遇刺后，继任的总统安德鲁 · 约翰逊推行了一系列南部重建纲领。根据这些纲领，南部旧官员再度控制州政府。这种政策遭到共和党激进派的坚决反对。1877 年南、北达成妥协，重建南方的目标以牺牲黑人利益、民主党在南部重新执政而告终。南方重建后，种族主义势力再度抬头，种族隔离日趋严重，《黑人法典》的出台和“三 K 党”的出现，使得南方黑人的处境雪上加霜。

约翰逊发表《大赦宣言》

1865年4月15日，也就是林肯遇刺的第二天，副总统安德鲁 · 约翰逊宣誓就任总统。1865年5月29日，约翰逊发表《大赦宣言》。《大赦宣言》宣布按照林肯于1863年发表的《重建与大赦宣言》，除了不予赦免的14种人外，一切叛乱者概予赦免，并恢复其除奴隶之外的一切财产。约翰逊的《大赦宣言》发表后，提出特赦请求的约有1.5万人，最终获得总统特赦者达到1.35万人。特别值得一提的是，约翰逊明确提出，对于“有罪的黑人”，一个也不予赦免，而各州的制宪大会代表则应完全由白人选出。

为了避免国会干预，约翰逊利用1865年国会休会期间加紧推行重建纲领。《大赦宣言》发表后一个多月的时间里，约翰逊先后发表了有关南北卡罗来纳、佐治亚、密西西比、得克萨斯、亚拉巴马和佛罗里达等几个州的重建宣言，并任命了临时州长。到1865年年末，这些州在禁止黑人参与的情况下，制定了州宪法，建立了议会和政府，选出其参加国会的参众议员。选出的国会议员中，包括原南方同盟政府的副总统1人、将军4人、上校5人、内阁成员6人、国会议员58人。

《黑人法典》和三K党

约翰逊的重建纲领实施之后，逃亡的种植园主纷纷返回故乡，夺取被黑人分掉的土地。在各州批准第13条修正案的同时，南部各州先后制定了《黑人法典》。这些《黑人法典》限制了黑人的自由和民主权利。在政治上，黑人没有选举权、参政权和陪审权；在经济上，黑人不能拥有土地，无权自由选择职业，只能根据合同在种植园主的土地上从事强制性劳动……在人身自由和基本权利方面，黑人无权自由迁徙以及选择居住地，有些州甚至专门划定了黑人居住区，严禁黑人与白人通婚。

在南部各州制定《黑人法典》的同时，一个仇视黑人的种族组织兴起，这就是臭名昭著的“三K党”（三K是英文Ku Klux Klan的缩写，原意为“党派”）。三K党是1866年

南方投机者漫画

美国内战后，北方政客来到南方重建州政府，向各州征收高额州税，投机商在债券的黄金偿付中收益不菲，这让本就衰退的南方经济雪上加霜。

在田纳西的普拉斯基创立的。三K党的大多数成员是前南军的各级军官，其领导人中有20多人是南军的将军和校官，该组织的首领是内森·贝德福德·福雷斯特。到1868年，三K党已经发展成头戴兜帽、全力维护白人至上地位的恐怖组织。

在约翰逊任期内，三K党的恐怖活动屡见不鲜。1866年4月，孟菲斯发生黑人与警察的冲突，白人暴徒借机向黑人居住区发动袭击。在3天的烧杀劫掠中，46名黑人被杀，80多人受伤，9家黑人住房被焚毁。同年7月，在新奥尔良，当地黑人举行反对《黑人法典》的群众大会，遭到由前南方将军谢里夫率领的大批白人暴徒的袭击，导致48人死亡，160多人受伤。在1868年竞选期间，在路易斯安那、佐治亚、阿肯色和田纳西等州，三K党及类似组织异常活跃。阿肯色发生了两百多起政治谋杀案，其中还有一名共和党国会议员遭伏击身亡。

激进派的重建方案

约翰逊的反动措施不得人心，促使北方资产阶级不仅担心奴隶制会在南方复辟，而且担心黑人会在全国范围内威胁北方资产阶级的统治。国会激进派是北部工业资产阶级的代表，他们在经济上要求奉行保护主义的高关税和紧缩货币政策，主张将选举权给予南部黑人以获得他们的支持，进而削弱民主党的政治势力。《黑人法典》和三K党的活动使他们对重新执政的南部民主党人感到失望，认为约翰逊的重建纲领实际上就是在为民主党人重新获得联邦政权铺路。

1866年国会选举后，激进派掌握了两院三分之二的多数票，操纵国会通过了以赋予南方黑人选举权为基础的新的南方重建方案，其基本内容为：否认田纳西州之外的南部各州州政府的合法性；将南部10州分为5个军区，实行军事管辖；在合法政府建立之前，军区司令执掌军区的行政和司法权；剥夺一切南部叛乱分子的选举权和财政权；成立不受种族、肤色和过去社会

^ 三K党在芝加哥进行的夜间集会，每个人都穿着带有三K党标识的服装。

地位限制的选举先民制宪代表大会；以合众国宪法为依据，制定和修改南部各州州宪法；南部各州根据新宪法产生议会和政府，获得国会承认之后，才可派代表出席国会参议院和众议院，军事管理方可结束。

这个重建方案受到广大人民群众特别是黑人的广泛支持，但约翰逊总统不能容忍这些激进的举措。为了对国会实施反击，约翰逊于1868年3月将陆军部长斯坦顿撤职。随后，国会激进派提出了弹劾约翰逊的议案，然而事与愿违，最终以一票之差不足三分之二的票数落败，约翰逊被宣告无罪。尽管如此，激进派依旧扩大了其影响力，同年总统大选中激进派获胜，内战中战绩显赫的共和党人尤利西斯·格兰特成为新总统，共和党激进派随后在南方开始了重建计划。

然而在南方各州，也存在着反对激进派的顽固力量，他们是种植园主、民主党人和约翰逊时期的州政府官员，他们软硬兼施，破坏激进派的重建方案。激进派与南方旧势力斗争了数年，终于在1869年年末达成妥协，确定了南方各州的新宪法，南方各州民主政权成立，重返联邦的程序终于完成。

南方各州民主政权成立后，根据新宪法进行了政治、经济、社会等各方面的民主改革。在政治上，各州废除《黑人法典》，承认黑人的参政权和陪审权。在经济上，进行有限土地改革和税制改革，大幅度增加种植园主土地税额，减少工商业者的纳税额。同时，奖励工商业，资助铁路建设，为商品经济的发展提供有利条件。在社会生活上，改革教育制度，设立免费公立学校，为黑人接受教育提供机会；还兴办慈善事业，以医治战争带来的创伤和贫困，通过开设医院、孤儿院和救济机构，为黑人和下层白人提供社会福利服务。

激进派在南方各州的重建方案是一场资产阶级民主改革，对南部社会的发展起到了积极作用，促进了南方资本主义的快速发展，但是黑人的选举权名存实亡，黑人处境雪上加霜，种族问题仍然是南方一大痼疾。

南方资本主义的快速发展主要表现在交通运输业和工业的发展上。南方矿藏资源和林木资源丰富，加上有大量的廉价劳动力、植棉业也发展成熟，吸引了很多北部企业家和投机商人，为铁路网的完善提供了良机，并进一步促进了南部大宗农作物和矿藏资源的出口。原本集中在东北部的棉花加工和纺织业也快速发展起来，在南卡罗来纳、佐治亚、亚拉巴马形成了大批棉纺业专业城镇，直接或间接地促进了南方城市的发展，到1900年，南方已经出现5个人口在10万以上的大城市。

黑人选举权的名存实亡指1877年妥协之后，民主党重新在南方占据优势，保守势力抬头，黑人的选举权面临着得而复失的危险，而北部共和党人的注意力转向如何保障他们在南部工商业的利益上，不再关注黑人的权利，黑人再次处于孤立无援的境地。1890年，密西西比州通过一条州宪法修正案，规定选民缴纳两美元的人头税、接受文化测验合格者才能进行选民登记，这举措将大量黑人排斥在选举大门之外，南方其他州纷纷效仿，有的州还设置了更苛刻的条件。同时，南方各州还设置了种族隔离法，禁止种族间通婚；黑人坐火车时，只能在指定的车厢就座，不准进入白人车厢。在公立学校、饭店、酒吧、影剧院、电车等公共场所，隔离政策也同样发挥着作用。一直到今天，对黑人的歧视仍然是美国社会的一大问题。

∨ 1869 年 3 月 4 日，人们聚集在用国旗布装饰的国会大厦前参加尤利西斯・S. 格兰特的首次就职典礼。

VISIBLE HISTORY OF THE WORLD

关键词：华工 / 铁路 / 开发

华工与太平洋铁路

▪ 1864年～1869年

这条铁路之所以能及早完成，主要应归功于那些贫苦而被人蔑视的中国工人，他们忠诚勤奋，表现卓越。

——加州法官查尔斯·克劳克

自从建国以来，出于对劳动力的需要，美国政府一直欢迎外来移民，采取来者不拒的移民政策。内战结束后，美国对劳动力的需求更甚。从19世纪70年代开始，融入美国的各国移民形成了连续不断的移民洪流。这些移民有来自欧洲的，有来自非洲的，有来自拉丁美洲的，还有来自亚洲的。在19世纪80年代之前，移民主要来自西欧和北欧，从20世纪80年代之后，来自东欧、南欧的移民逐渐增多，经过移民间的不断繁衍与融合，美国逐渐形成一个以欧洲白种人居多的移民国家。华工就是在这样的历史条件下来到美国的，既充当廉价劳动力，又生活在白种人占多数的社会，这注定了华工在美国要经历更多的艰辛。

招募华工开发加州

1849年，加利福尼亚的萨克拉门托山谷发现金矿，吸引了大批淘金者

华工修筑横跨北美的铁路

在19世纪中期横跨北美大陆的铁路和20世纪初巴拿马运河的建设中都留下了大批华人辛勤劳作的身影。他们吃苦耐劳，为所在国的经济发展做出了很大的贡献。

蜂拥而至，东部资本家得知这一消息后，纷纷前往投资。但是加利福尼亚地广人稀，劳动力极缺，为了解决劳动力不足的问题，美国开始从中国东南沿海一带招募华工。两三年时间内，前往加州的华工就达2万多人。招募华工的美国商人们编织的“金山梦”，吸引了中国南方的许多贫苦农民。这些农民以契约苦力的身份，乘坐“三桅大船”，在太平洋上漂流两三个月，经受着巨大的煎熬，来到美国的加利福尼亚旧金山地区寻找“金山梦”。

在早期赴美的华人中，既有被招募的，也有被拐骗的，还有一部分商人、工匠、仆役、农民和渔民等。华工大多数来自广东的台山、新会、开平、恩平等地，抵达美国后，华工首先落脚在西海岸的旧金山和北加州其他城镇。在旧金山，华人聚集在一起，逐渐形成了美国历史上最早的唐人街。华人在美国从事开矿、筑路、烟草、制鞋、呢绒、服装、纺纱、垦荒、兴修水利、葡萄种植、捕鱼、零售、餐饮等各种行业，为新兴的加州做出了巨大的贡献。据加州劳工局局长估计，1866年，在加州从事园艺劳动的华工就高达3万人。美国一些官员说：“没有华工，就没有美国西部的垦殖。”“是华人教会了美国人如何栽种、培育、收获果园和庭院里的作物。”“华工使荒地变成良田，使整个加州变成一座花园、一个果木园。”“如果没有华工的辛勤劳动，加州的开拓和发展要推迟几十年。”1850年~1870年，加州税收的一半直接取自中国劳工。“在矿区、农场、工厂以及加利福尼亚的劳工中，雇用华人是最理想的。华人做的大部分工作如果用白人工人来做，那将不能持续下去。”

当华工为加州的开发做出巨大贡献之后，华工和华侨却受到了歧视和迫害。从事淘金的华工工资低廉，招致白人矿工的忌恨，而当地政客和种族主义者乘机煽动排华情绪。在当地法院的纵容下，一些暴徒肆无忌惮地抢劫和谋害华侨，各矿区杀害华工的事件日益增多，杀人者逍遥法外，被谋害者无人问津。1857年，据加州《沙斯塔共和报》报道：“五年以来，被谋杀的华人不下数百人，都是我国（指美国）的亡命之徒所为。谋杀华人的恶性事件，每天都在发生，而杀人罪犯中被抓住并被判刑的却寥寥无几。即便这样，还有反对对谋杀华工者判刑的这种违背天理良心的做法，令人发指。”

太平洋铁路

1862年7月1日，《太平洋铁路法案》被美国国会通过，该法案授权联合太平洋铁路公司和中央太平洋铁路公司修建横贯美国东西的铁路干线，这一铁路东起内布拉斯加，西迄加利福尼亚西海岸。1864年7月2日，林肯总统正式签署了这一法案。

联合太平洋铁路公司承建东段工程，这一段大部分是平原地区，并且有密西西比河作为运输通道，因而施工进展得相当顺利。西段工程则是由中央太平洋铁路公司承包的，所经地区为加利福尼亚州塞拉岭和内华达州一带。这一地区峻岭绵亘，地形极为复杂，气候异常恶劣，施工条件十分艰险，白人工人经受不了恶劣的条件纷纷离去。西段筑路工程的进展非常缓慢，开工两年之久，铺轨尚不足100千米，中央太平洋铁路工程逐渐陷入困境。

为了加快进度，化解危机，中央太平洋铁路公司打算把联邦在押犯送来劳动，同时从南部引进自由黑人，甚至打算把内战中的战俘充当工人，但是都没有成功。在万般无奈之下，公司四巨头之一的查尔斯·克劳克建议雇用华工，最初只招了50名，华工的出色劳动大大出乎他们的意料。接着，中央太平洋公司又雇用了3000名华工，施工进度大大加快。1865年10月10日，加州州长利兰·斯坦福向总统安德鲁·约翰逊报告说："为了解决内华达山工程进展缓慢的问题，我们雇用了一批中国工人。就劳工阶级而言，他们沉着而安静，此外，他们非常勤劳，热爱和平，耐力也比其他民族强得多。这些华人的学习能力令人惊讶，他们很快就学会了未来铁路建设工作中所需要的专业技术，而且无论哪一种工作都能在最短的时间内熟练掌握。另外，就工资而言，也是最经济的。尤其值得注意的是，他们彼此的联系非常密切。虽然目前我们已雇用了千名以上的华工，但是我们仍打算以最优厚的条件，通过介绍业者的协助，再增加华工的人数。"

为了更多地雇用廉价的华工，1868年7月22日，中美两国政府签订

《中美续增条约》即《蒲安臣条约》，为华工赴美提供了法律保障。1869年，西段全线雇用的筑路工人中五分之四是华工。克劳克在回忆录中说："我们已经完成了在美国铁路史上可能算是最艰巨的一项工程。这项工程之所以能这么快取得成功，应该归功于华工们的默默奉献。"

"沉默的道钉"

太平洋铁路的长度和难度，在当时是史无前例的。而中央太平洋铁路则是其中最艰难的一段，它需开凿当时世界上最长、最多的隧道。铁路经过的地方地势复杂，平均间隔一百多千米就要穿过一座海拔两三千米的高山；冬夏温差很大，夏季烈日暴雨频繁，冬天暴风雪不断。在塞拉山岭铁路段，工程要在两座大山的悬崖间，用大量泥土填平山谷，开凿数百米隧道穿过高山，这些关键性工程都是华工用最简陋的工具完成的。

1865年春，当铁路线延伸到内华达塞拉岭地区两条河流分水岭处时，必须建一座长300多米、高20多米的高架桥。华工用镐、锹、铁锤和铁钎开山凿石，靠肩挑土筐、单套马车拉土，完成了填埋峡谷、保障高架桥跨越的艰

∨ 布面油画《最后一颗道钉》

1869年5月10日，第一条横跨美国大陆的铁路在犹他州会合时，铁路公司负责人打下了最后这一颗连接世界两大海洋铁路的金色道钉，标志着太平洋铁路东西贯通的真正实现。而功劳巨大的中国劳工却被排除在铁路贯通的庆祝仪式之外。1877年，当时的加州州长利兰·斯坦福邀请艺术家托马斯·希尔用大幅油画再现了横贯美洲大陆铁路完成时刻的经典场面。该油画现藏于加利福尼亚州铁路博物馆。

巨任务。1866年春，在旧金山的合恩角工地，华工们面对陡峭的石壁，采用古老的修栈道的办法，跨越了合恩角。承担着最艰难的攻坚任务的华工，工资待遇极低，作业风险很高。原加利福尼亚州州长弗雷德里克·H.娄说："中国人每人每月工资31美元，食宿由中国人自理。而雇用白种工

^ 1869 年 5 月 10 日，横跨北美的太平洋铁路在犹他州的普罗蒙特里顺利合龙。

人每人每月要45美元，食宿另供。算起来用一个白种工人每天要花2美元，而使用一个中国工人只需要这个数目的一半。”在塞拉山岭隧道的开凿过程中，由于冬季经常发生雪崩，华工住宿帐篷至少有四次被雪崩冲落峡谷，华工死亡者数以千计。美国史学家写道：“在10米的地下挖掘隧道，3000多名工人接连数月生活在那里，如同鼹鼠一般，从工作区要通过很深的漆黑一团的地道，才能到达生活区。这种奇异可怕的生活经常遇到危险。随着山脊上积雪越来越厚，雪崩愈益频繁。雪崩前除了短暂的雷鸣般的隆隆声，没有任何征兆。刹那间，整群工人、整个营房，有时甚至是整个营地呼的一下全被卷走，摔入几千米外的冰雪峡谷，几个月后，工人的尸体才被发现。有时人们发现整批的工人被冻死，他们的双手依然紧紧握着镐头或铲子。”对华工而言，没有克服不了的困难。美国有句俗语“Not a Chinaman’s chance”，意思是即便让中国人来干也没有希望，你来干更没希望了。1869年5月10日，一枚金色道钉钉入太平洋铁路路轨，正式宣告了北美大陆铁路建成通车。但是在犹他州奥格登地区的普罗蒙特里丘陵会合处的庆典上，竟然没有华工的身影。招募华工的倡议者克劳克在萨克拉门托的一次庆祝会上说了一句话提醒大家：“我愿意提请各位注意，我们建造的这条铁路能及时完成，在很大程度上，要归功于贫穷而受鄙视的华工，归功于他们表现卓异的忠诚和勤劳。”

专题

美国内战中的火炮

⊙美国内战 ⊙火器类武器 ⊙军事

相对于冷兵器的火器类武器，从15世纪开始逐渐在欧洲战场上投入使用，越来越先进的各种轻重武器被发明，用于杀伤更多的敌人。到18世纪，冷兵器基本退出了战场，人类战争进入火器时代。

火炮作为重型杀伤性武器在战争中的作用越来越大，其在近现代军队中的地位也越来越重要。1861年至1865年的美国内战期间，火炮发挥了重要作用，对战争的胜负和进程产生了很大影响，炮兵作为单独兵种也发展和壮大起来。

火砲、火铳和火炮

火器类武器在冷兵器时代经过了缓慢的发展。火药被发明后，火箭、火球等燃烧类火器很早就在战争中使用。抛射类火器大概在中国唐朝时就有，宋朝开始使用火砲攻城。但这种炮弹主要是靠投石机发射，所以用“砲”字而不是“炮”字，它并非现代意义的火炮。

▼拿破仑炮

这门炮是美国内战期间双方使用最多的标准加农炮，以法国皇帝拿破仑三世的名字命名，具有精度高、有效弹头选择性广和机动性强的特点。

▲ 老式的 M1841 型 6 磅（2.72 千克）野战炮，被一些爱好者称为“小拿破仑”。

真正运用射击原理制造的火器产生于宋代，那是一种管状火器，被称为突火枪。有研究指出，最早的金属火炮也是中国人发明的，其出土文物存于黑龙江博物馆。较明确的记载是元代开始出现金属炮管的火炮——青铜火铳。而欧洲最早在14世纪开始制造金属火炮，并且在战斗中大量使用。到了15世纪，火炮已经在战争中发挥着越来越重要的作用，炮兵部队作为专门的兵种也开始出现了。

早期的金属火炮主要是臼炮，其炮身短、口径大、射角高、初速低，只适合于攻击距离较近的目标，较多用于攻城战。这种臼炮属于前膛滑膛炮，后来渐渐被改进为迫击炮。随着金属锻造工艺的提高和进步，长筒炮成为可能并逐渐发展起来。最早的长筒炮被称为隼炮，属于轻型加农炮，其后越来越多的加农炮出现了，这种炮身长、射角低、初速大，适合攻击直线范围内远距离目标的火炮，渐渐成为野战部队的主要武器。

到了19世纪初，更先进的火炮出现了。膛线使火炮的射程更远、精确度更高，高爆炸药则进一步增大了这种武器的威力，使之具备了长射程、大杀伤力等特点。也正是从这时起，美国军队开始更广泛地装备火炮，而在即将发生的内战中，这种新武器将会发挥举足轻重的作用。

拿破仑炮

在这场历时4年的内战中，交战双方——北方联邦军和南方同盟军配备的最主要的火炮是M1857型拿破仑炮。这种火炮威力较大、机动性很强，是一种青铜制前装滑膛炮，其口径为117毫米，使用5.44千克铁质炮弹，射程可达1480米。

在被视为内战转折点的葛底斯堡战役中，这种拿破仑炮成为北方联邦军制胜的关键。1863年7月1日至2日，联邦军在退守葛底斯堡以南及以东的外围高地和据险固守，等待援军的整个过程中，布置在山顶阵地的炮兵部队发挥了很大作用。随后，在南方军发起的著名的皮克特冲锋中，联邦军从墓地山阵地和侧翼阵地向南方军进行猛烈炮击，致使4000余名同盟军将士血染疆场，成功地击退了这次可能改变美国历史的冲锋。这次战斗中死于炮火的南方军人数几近发起冲锋部队人数的三分之一，造成了战争史上罕见的伤亡率，令双方将士震惊不已。而北方联邦军投入战斗的火炮主要就是拿破仑炮，其数量接近一半。

事实上，葛底斯堡战役中北方联邦军和南方军分别动用了360门和272门火炮，可见双方对火炮防御进攻和杀伤敌人作用的重视。而在此一年多以前

▲发生在田纳西河附近的夏洛战役，是美国南北战争时期的一次重要战役。

发生在田纳西州的夏洛战役则是南方军的拿破仑炮大显神威的一次。此次战役中南方军用拿破仑炮对联邦军阵地猛烈轰炸，造成了北方联邦军将士巨大的伤亡，最终迫使北方联邦军的一个师向南方军投降。战役的结果虽然是北方联邦军在得到增援后勉强获胜，却也付出了沉重的代价。

当然，这两场战役和整个战争中还有一些不同种类的火炮。例如，成本不高、机动性强但容易爆裂的帕鲁特膛线炮，这种使用较广泛的轻型加农炮主要有两种规格——73毫米的1861型和76.2毫米的1863型，另外还有口径93毫米、射程近4000米的加重型。

更为老旧的火炮以M1841型野战炮为代表。这种稳定性很差的轻型加农炮主要在战争初期被广泛使用。此外还有10.89千克炮弹的掷弹迫击炮和重型的M1861型海岸迫击炮，以及科拉姆比亚兹重炮——这种重型火炮的一种是M1861型罗德曼滑膛炮，其口径达381毫米，最远射程达4280米，对海军战舰极具威慑力。

几种主要炮弹

火炮发射的杀伤性武器是炮弹。历史上火砲主要发射石块之类的“弹头”，金属制火炮出现后，弹头也变为实心金属弹头，近现代火炮则以爆破弹、榴弹和霰弹作为主要杀伤手段。

在美国内战时期，金属实心弹依然发挥着重要作用。这些实心弹主要靠推送火药的冲力达到摧毁目标和杀伤敌众的作用。其冲力之强，在有效范围内可以完全毁掉敌军的炮架以及一般防御设施，对血肉之躯更有摧枯拉朽之效。滑膛炮和膛线炮所需炮弹形状不同，所以实心弹有球形和条形的区别。

同样分为球形和条形的还有爆破弹。这种炮弹依靠弹内火药的爆炸和激射出的弹片杀伤敌人，其弹壁可以是均匀的，也可能应用更为复杂的设计以满足有限爆破的需求，甚至可以包含子母弹。

此外用途较接近的炮弹是榴弹和霰弹，它们都是以内部填充的弹丸实现杀伤力的武器。榴弹本身是出现较晚的杀伤性武器，能安装定时引信，其内部弹丸可能会散射，也可以定向发射。当时最先进的榴弹为霍奇基斯榴弹，能够呈扇形发射内部弹丸，造成最大的杀伤力。而广义地说，冷兵器时代填充铁砂的火药发射武器也可以称为霰弹。美国内战时的霰弹主要填充铁丸或铅丸，甚至可以用子弹作为填充物。这种武器在近距离内杀伤力极大，可以瞬间夺走数百条生命，是阵地战中150米到300米距离之内阻击敌人的利器。

不是很重要但在海战中经常使用的葡萄弹也发挥了一些作用。这种炮弹类似霰弹，只是规格更大，弹丸却更少。

作战单位炮兵连

为了使火炮正确并有效地发挥作用，炮兵连作为炮兵的基本作战单位出现在美国内战的战场上。一个完整的炮兵连由6门火炮、50名作战人员、110匹左右的运输和机动马匹以及后勤辅助人员构成，总兵力可达170人左右。

这些步兵野战部队最好的支持者构成了能够与旅配合战斗的基本作战单位，同时也可以按营、团、师行动以达到作战目标，在更为灵活的情况下它甚至能直接接受并执行任何师以上级别的战斗集群的指令，并独自完成自身的作战任务。

美国内战中每个炮兵连下辖三个炮兵排，每排两门炮，配置40余人。排长负责具体的进攻指挥、着弹点和效果评估以及弹药消耗、补给等整体指挥和协调工作，而实际发炮则由每一门炮的炮长和炮手执行。在常规情况下，拿破仑炮需要包括炮长在内的8个人操作。依照严格的程序，训练有素的炮手们每分钟可以发射两枚炮弹，这其中包括了填弹、校准、重复校准等复杂的程序，可以说炮兵所需的训练和经验是此前的主要兵种步兵以及骑兵都远远不及的。

▼ M1861 型海岸迫击炮，它巨大的破坏力对海军军舰有很强的威慑。

第六章

工业化时代

19 世纪 70 年代，西方资本主义社会经历了第二次工业革命的洗礼，科学技术开始大规模地影响工业活动。在这个时代中，电力逐渐取代蒸汽动力，成为经济发展的新能源，美国工商业也借着新一轮技术变革的东风，在 19 世纪末迅速赶上并超过了欧洲强国。到 1894 年，美国的工业总产值跃居世界之首，成为世界第一经济强国。这一年，距离这个新国家的诞生仅仅 118 年。

▷ 世界上第一架飞机的诞生

VISIBLE HISTORY OF THE WORLD

关键词：工业/城市化/摩天大楼

城市化的扩张

▪ 19世纪前期～20世纪初

一个国家从农业社会向工业社会转型的过程必然伴随着社会结构的变化、农业生产力向工业生产力的转换以及农村城市化的发展。这些改变中最显著，同时也给人印象最深刻的是城市的扩张。

美国从19世纪前期就开始了工业化历程，其经济在内战结束后到20世纪初飞速发展。这一时期，伴随着交通运输、建筑技术和水电供应能力的进步与提高，高度工业化的城市得以扩张和发展，并在同期完成了城市化进程。

工业造就城市

从最早的殖民者踏上北美洲大陆开始，城市就出现了。在殖民时代和美国建国早期，农业是主体经济，农业人口占很大比重。城市主要分布在濒临大西洋的东海岸地区，及拥有天然良港并临近内陆河流的少数地点。这些地点由于商人汇集、贸易发达而逐渐发展起来，形成了北美洲最早的商业城市。到美国建国前夕，在13个英属殖民地土地上具有一定规模的城市有20余个，其中人口过万的只有5个，它们是费城、纽约、波士顿、查尔斯顿和纽波特（属罗得岛州）。其中费城人口最多，但也不过4万人。

这些早期城市人口少、规模小，城市辐射半径不超过几千米，仅有一些工业小作坊满足城市居民对日常生活品的需求，运输则主要依靠人力、畜力和航运。这些城市主要分布在东海岸的中部和北部，南部虽然人口众多，城市却很稀少，基本以农业为主。但是随着西进运动和工业化的进行以及矿产资源的不断发现，中西部地区也逐渐有城市兴起，尤其是在中部和五大湖区出现了一些矿业城镇。这些城镇促进了连接东北部地区、中部内陆以及西海岸间的交通枢纽城市的发展——辛辛那提、克利夫兰、底特律、芝加哥、

v 百老汇街市

在这张老照片中，街上马车、汽车川流不息的景象，正是城市扩张的结果。

布法罗等城市相继从商业纽带和工业重镇转化为大型城市。

在这些城市的发展过程中，内河运输起到了重要作用，蒸汽船的发明和应用首先给它们带来了繁荣，随后发展和完善起来的铁路运输系统巩固了它们的商业枢纽地位，而像底特律、芝加哥、匹兹堡等城市在工业，尤其是在重工业的推动下更是后来者居上，占据了越来越大的经济比重。这种工业化进程推动下的城市发展在美国内战后进入高速发展期，并且逐渐向西部和南部辐射扩张，形成全国城市的均衡发展，旧金山、圣路易斯、新奥尔良等城市渐渐跃居美国主要城市之列。

自东向西、自南向北，从商业城市到工业城市，美国的城市发展历史或者说城市化进程主要是伴随着工业化进程实现的。18世纪末到1920年的100多年中，美国的城市数量从20几个发展到2700多个，城市人口超过了全国人口总数的一半，百万人口以上的城市有3个（纽约、芝加哥和费城），基本完成了城市化进程。

技术改变城市

工业的发展使得美国城市数量激增，市区人口增加、规模扩大、空间扩张，而这一切又都是建立在工业化进程中技术进步的基础上的。正如前面所说，作为商业中心的美国早期城市城区半径受限、空间难以扩张的主要原因在于技术落后——以人力、畜力为主的市区内交通不足以负担众多人口，更无法满足大型城市人员流动的需求，简陋的市政设施也不可能为市民提供充足、安全的生活服务。

第二次工业革命带来了技术突破，新技术的出现使得城市化扩张成为可能，技术改变了城市，也改变了城市居民的生存状态和城市的面貌。

一些悄然的变化出现在不起眼的角落、无人注目的地方甚至是地下：街边的路灯柱、自来水管、下水管道以及其他公用、民用的附属设施开始采用钢铁等新材料，使城市的硬件环境得以提升，居民的大量用水得到保障，生活的方方面面也渐趋便利、可靠。更大的变化是通过电力的应用实现的——19世纪70年代末80年代初，发电厂、水力发电站开始出现，同期，电灯也被发明出来并投入使用，城市的夜晚变得更加明亮，人们的生活质量大为提高。与此同时，各种使用电力的设备、机器和用具，像改善通信方式的电报、电话等被发明和制造出来，生活变得更加丰富多彩，也有了更多的可能性和更广阔的发展前景。

19世纪70年代中期出现的市内有轨蒸汽机车牵引交通和90年代以后直至20世纪上半期广泛应用的有轨电车改变了城市交通，为城市的扩张提供了可能，因为市民流动能力的提高将使城市半径扩大；城市中心集中形成商业、金融等功能区，市民居住区向城郊扩散使城市不断蚕食周边地带，迅速完成从城镇到城市再到大都市的城市化进程。

摩天大楼的出现

大量激增的人口使城市平面空间的扩张规模和速度远远不能满足城市发展的需要，这时新的建筑技术和建筑材料又为城市向立体空间扩张提供了可能。钢架结构的出现、水泥和混凝土的应用使建筑物突破平层和多层，向高层发展；电梯的发明为高层建筑的人员货物运输做出了保证。人类历史上又一个伟大的时刻到来了——摩天大楼开始出现，这代表人类技术文明达到又一个顶峰，给当时的人们留下了深刻的印象，同时也见证着工业化和城市化发展带来的奇迹。

公认的世界上第一座摩天大楼于1885年建于芝加哥，这座被称为“家庭保险大楼”的摩天大楼是1871年美国芝加哥大火之后重建的，由“摩天大楼之父”威廉·勒巴隆·詹尼设计建造，最初楼高42米，共10层，建成5年后又增加了两层，达到55米——尽管这一高度在今天看来微不足道，甚至已经称不上摩天大楼，但在当时已经非常壮观，并创下世界纪录。这座摩天大楼存在了46年，于1931年被拆毁。

^ 20 世纪初，美国芝加哥的摩天大楼

芝加哥拥有这一世界纪录的荣誉并未保持太久，就在詹尼加高他的“家庭保险大楼”那年，纽约落成了另一座摩天大楼——世界大楼，它的高度超过第一座摩天大楼几乎两倍，其屋顶高94米多，加上尖顶接近107米，创造了新的世界纪录。但该纪录未出10年又被另一座花园街大楼打破，这座同样建于纽约的大楼高度接近120米。接下来的30多年间，一座座摩天大楼拔地而起，一次次突破纪录。到1931年，楼高381米、地面建筑102层的帝国大厦落成，成为一座丰碑式的建筑——这座摩天大楼在20年后又增加了62米高的天线，总高443米，雄踞世界第一高楼长达40年！

发达的城市

无论是在殖民时代还是建国之初，无论是在工业化浪潮还是城市化进程中，纽约、费城、波士顿、巴尔的摩等东北部早期城市一直保持着发达地位。这其中，纽约由于其得天独厚的地理位置始终是美国东海岸一带最重要的商贸中心，发展迅速并长久保持着全美最大城市的地位。1860年内战前纽约人口已有81万，1898年四区合并后人口激增，到1920年达到了560万，市区内更是高楼大厦鳞次栉比，成为国际大都会、世界商业和金融中心。

与此同时，那些因工业进步和交通枢纽地位发展起来的城市更是经历了翻天覆地的变化。短短不到百年，从一个几千人的小城镇发展到人口近300万的大都市，率先建起摩天大厦的芝加哥自不必说，直到19世纪末才因发现石油引来移民开始发展的加利福尼亚州南部城市洛杉矶，只用了20多年时间就跃居美国城市第十位，人口达58万。另一座加州城市，伴随淘金浪潮成长起来的旧金山也在半个多世纪里人口激增了十几倍，成为美国西海岸最重要的城市之一。

此外，像汽车城底特律、钢铁之都匹兹堡、美国西海岸重要港口西雅图、波特兰等城市也都在美国城市化进程的不同时期获得了不同程度的飞速发展。

VISIBLE HISTORY OF THE WORLD

关键词：舵手 / 小说 / 美国文学

幽默文学大师马克·吐温

▪ 1835年～1910年

爱默生、朗费罗、洛威尔、霍尔姆斯——这些人我都认识，我还认识我国其他的智者、诗人、先知、批评家、幽默作家；他们互相类似，像其他文人一样；但是克列门斯是独一无二的，无法企及的，他是我国文学界的林肯。

——豪威尔斯

密西西比河的舵手

马克·吐温（1835—1910），原名塞缪尔·朗荷恩·克列门斯，出生于密苏里州的佛罗里达。4岁时，马克·吐温全家迁居密苏里州，他在密西西比河岸边的汉尼巴尔小镇度过了短暂的童年。马克·吐温12岁丧父，自此开始了独立谋生。他先后做过印刷所学徒、排字工人，后来又在密西西比河的轮船上当舵手（笔名马克·吐温就是水手术语，意为“水深两哻”）。淘金热兴起之后，他去西部淘过金，又当过新闻记者。颠沛的生活使马克·吐温形成了坚毅、幽默、豪放不羁的性格，丰富的生活阅历为他从事文学创作奠定了坚实的基础。1865年，马克·吐温发表了他的成名作《卡拉韦拉斯县著名的跳蛙》，此后在他40多年的文学生涯中，创作了多部长篇小说和许多短篇小说，开创了19世纪美国现实主义文学的新时代。

^ 年轻时的马克·吐温

“马克·吐温”是克列门斯的笔名，原是密西西比河水手使用的表示在航道上所测水的深度的术语。

《镀金时代》

马克·吐温作品的一个突出特色是尖锐讽刺资本主义民主的虚伪性，无情揭露19世纪后期美国的政治腐败。在他的著名短篇小说《竞选州长》中，他把美国竞选活动中政客们的丑恶嘴脸刻画得栩栩如生，谴责了政客们为达目的不惜使用一切肮脏卑鄙手段的卑劣行径。1873年，马克·吐温和作家查尔斯·沃纳合写了长篇小说《镀金时代》，小说以幽默辛辣的笔调揭露了国会议员们贪赃受贿的现象；政府机关和金融投机家沆瀣一气，追逐暴利、搜刮民财，犯下滔天罪行；作品针砭了当时弥漫在美国全国的投机风气。马克·吐温尖刻而幽默地把19世纪后期这个美国资本主义“繁荣”的时代称为“镀金时代”，而根本不是什么“黄金时代”。从此，“镀金”成了19世纪后期美国社会的独特标志。

《王子与贫儿》

小说《王子与贫儿》是马克·吐温的代表作之一。小说开篇介绍了两位主人公的身世和生活状况。同一天降生人世的爱德华和汤姆，命运截然相反。王子生下来“浑身裹着绫罗绸缎”，身边有大臣和贵妇伺候和看

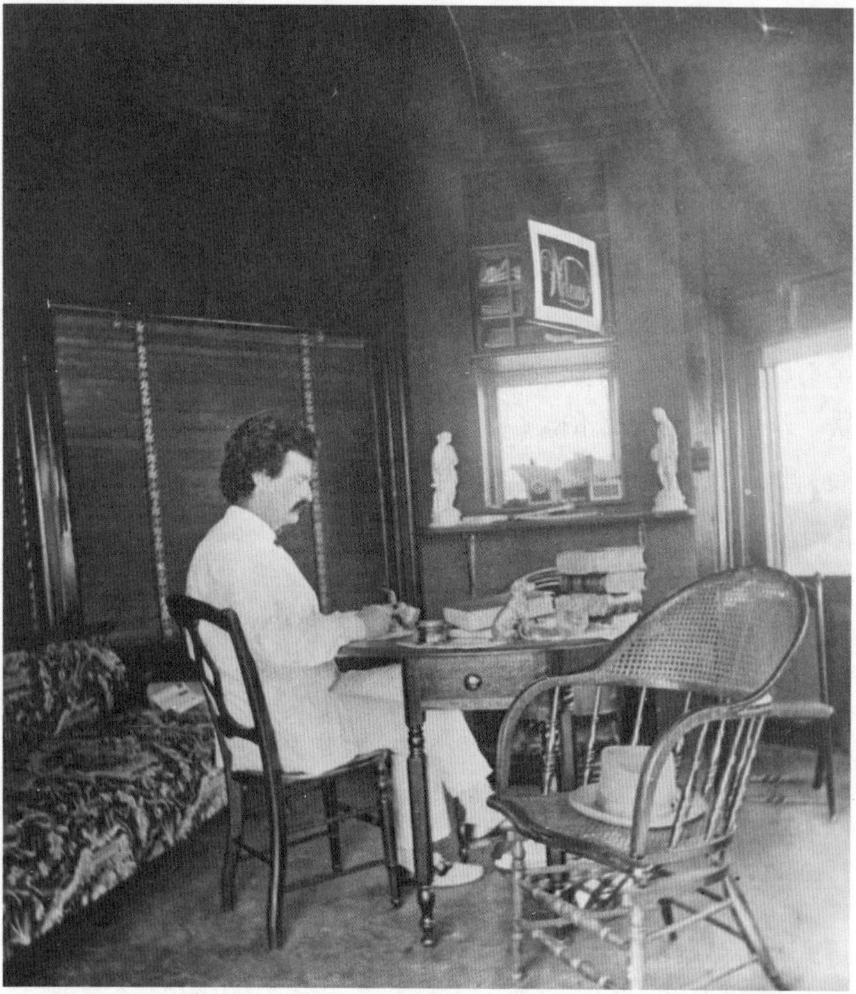

^ 年轻时的马克·吐温在桌前写作。

护；贫儿一生下来却“浑身裹着破布烂絮”，无人理睬。王子诞生，举国欢庆，昼夜不息；贫儿出世，徒然给家庭增添了麻烦和苦恼。贫儿汤姆和王子爱德华在宫中首次相遇，彼此没有共同语言，相互不能理解。但是两人对彼此的生活充满了好奇，于是互换了身份开始了他们的“冒险”。宫廷的繁文缛节，使汤姆无可奈何地叹息道："我不知道他们为什么不干脆连呼吸也给我代办了呀！"在宫廷中，汤姆的正常思维被打乱；思维正常的汤姆对宫廷无法理解，因此说了许多"傻话"。但"傻话"绝非信口雌黄，而是表达了真理，有时甚至是很残酷的。

一向深居宫闱对民间情况一无所知的王子爱德华，转瞬间沦落底层，吃尽苦头，笑话百出。他衣衫褴褛，一出宫门就被卫士殴打；教养院的孩子们嘲笑和欺凌他。爱德华虽然声称自己是王子爱德华，却无人相信，把他当成疯子。他在游民和乞丐中不时摆出王子的威风，被人们戏称为"傻子国的王子"。王子爱德华所遭受的种种艰难和非人待遇，让他深深感到人民生活的困苦和法律的残酷。

在经历了一系列意想不到的"奇遇"后，爱德华终于在诚实的汤姆的帮助下，依靠御玺回到了王宫，开始了新的统治生活。

《哈克贝利·费恩历险记》

1884年，马克·吐温发表了最优秀的长篇小说《哈克贝利·费恩历险记》。小说的主人公哈克贝利·费恩逃出家庭、追求自由的流浪生活。马克·吐温满怀深情地以极其优美的笔触描绘了密西西比河上的迷人景色，展示了一幅广阔的美国社会的图画。在小说中，马克·吐温对黑人表示深切的同情，赋予了他们平等的人格和高尚的心灵。主人公那种冲破一切束缚，在大河上任意漂流、不顾一切去追求自由，开拓新天地的精神，正是美国人民开发西部时期追求自由和新生活的精神写照，作品真实强烈地体现了19世纪美国的民族性格和时代精神。这部小说风格雄浑豪放，语言清新淳朴、活泼自然而又富于变化，是马克·吐温现实主义技巧的高峰。

马克·吐温植根于美国人民之中，具有强烈民主思想和斗争精神，他是美国文学史上的一座高峰，他的作品对美国现代文学产生了巨大影响。

镀金时代的政府官员府邸

镀金时代，这个名字取自马克·吐温的第一部长篇小说《镀金时代》，这部作品的主题是讽刺南北战争之后充满贪婪和政治腐败的美国政府，后美国人用“镀金时代”一词来称呼这一时期。

VISIBLE HISTORY OF THE WORLD

关键词：石油/托拉斯

美孚石油的崛起

■ 1839年～1937年

约翰·洛克菲勒是一位冷静、精明、富有远见的资本主义商人，他一步一步地建立起庞大的石油帝国。作为美国历史上第一个十亿富翁，作为石油巨子，洛克菲勒在相当长一段时期内控制着美国的石油资源，创设了托拉斯企业制度，在美国经济发展史上占有重要的地位。

少年时代

1839年7月8日，约翰·洛克菲勒出生于纽约州哈德孙河畔的杨佳小镇。他的母亲是个虔诚的基督教徒，勤快、节俭、朴实，家教严格；而父亲威廉是个四处闯荡的木材商、马贩子，也是个走江湖的巫医。此外，威廉还出卖土地、买卖毛皮、贩盐等，几乎是无所不通。

洛克菲勒完全没有父亲的秉性，而是继承了母亲勤俭的美德。他一生中恪守“不俭则匮”的准则，并从中引申出自己的结论：“只有数字作数。”14岁那年，洛克菲勒在克利夫兰中心中学上学。1855年中学毕业后，洛克菲勒决定放弃上大学，到商界谋求发展。为了找工作，他在克利夫兰的大街上跑了几周，决定要找一份前程远大的工作。他后来回忆道：

^ 洛克菲勒蜡像

洛克菲勒是美国历史上第一位亿万富豪与全球首富，财富总值折合成今天的币值大约在3000亿美元以上。他在人生的后40年致力于慈善事业，主要是教育和医药领域。

"我上铁路公司、上银行、上批发商那儿去找工作，小铺小店我是不去的。我可是要干大事的人。"当年9月，他在一家经营谷物的商行当上了会计办事员。在这里，洛克菲勒工作勤勤恳恳，除了记好账外，还为商行的经营出谋划策。洛克菲勒天生的经商才能得到了老板赏识，工作第一年他挣得了300美元。第三年他的年薪提高到600美元。洛克菲勒知道自己对商行的贡献远不止此，因此要求加薪到800美元，结果遭到老板的拒绝，洛克菲勒断然离开了这家商行。

自闯天下

1858年，19岁的洛克菲勒向父亲借款1000美元，加上自己的积蓄800美元，与克拉克合股创办了一家经营谷物和肉类的公司。由于经营不错，第一年公司的营业额就达到了4.5万美元，净利润4000美元。第二年利润更是达到1.2万美元，洛克菲勒分得6000美元。他做生意时信心十足、雄心勃勃，并且言而有信，总能想方设法使自己取信于人。

当时，宾夕法尼亚州已经发现了石油。一时间，人们纷纷涌向这一地区，宾夕法尼亚土地上油井林立，原油产量飞速上升。克利夫兰的商人们怦然心动，他们推选洛克菲勒去宾州原油产地调查，以便获得可靠的信息。洛克菲勒来到产油地，这里的状况令他触目惊心。洛克菲勒透过表面的"繁荣"景象，看到了盲目开采背后的危机。他没有急于回去，而是在产油地住了下来，做进一步考察。经过一段时间认真全面的考察，洛克菲勒回到了克利夫兰，建议商人不要在原油生产上投资，因为那里日产石油1135桶，而需求有限，油市的行情必定下跌。不出洛克菲勒所料，由于疯狂钻油，导致油价一跌再跌。3年后，原油价格暴跌，这时洛克菲勒认为投资石油的时候到了，他与克拉克共同投资4000美元，与英国人安德鲁斯合伙开办了一家炼油厂。安德鲁斯采用一种新技术提炼煤油，使安德鲁斯—克拉克公司迅速发展起来。

建立石油王国

尽管洛克菲勒才20岁出头，做

生意却十分老练。他经常冷静观察，确认有十足把握之后，才放手大干。可合作者克拉克却举棋不定，不敢冒风险。两个人在石油事业的决策上发生了分歧，在洛克菲勒得到安德鲁斯—克拉克公司的股权之后，两人分道扬镳。

26岁的洛克菲勒终于取得了企业的控制权，此后他迅速扩充了炼油设备，日产油量增至500桶，年销售额超出了百万美元。很快，洛克菲勒的公司成了克利夫兰最大的炼油公司。当时的美国石油业秩序十分混乱，生产过剩、质量较差、价格混乱……激烈的角逐已初见端倪。洛克菲勒意识到必须扩大企业，才能抵御激烈竞争的冲击。他说服自己的弟弟威廉参加进来，建立了第二家炼油公司。

这时，洛克菲勒就把目光转向了国际石油市场。他在纽约开设办事处，专门负责东海岸和国外的产品销售，并且尽可能削减成本，如自制油桶、自制炼油用的硫酸。为了免付运输费用，他还购买了油船和输油管。洛克菲勒热衷于公司间的联合，他先后联合了两位资金雄厚的投资合作者，于1870年1月10日创建了资本额为100万美元的新公司，这就是标准石油公司。科学的管理、精细的经营、高质量的产品让标准石油公司的声誉如日中天，具备了坚实的竞争力。在1865年洛克菲勒进军石油业时，克利夫兰有55家炼油厂，而标准石油公司成立时，仅剩下26家。到1872年年底，标准石油公司控制了这26家中的21家。

洛克菲勒用兼并的方法广泛收买炼油厂，到1879年年底，标准石油公司就已控制了全美90％的炼油业。到了1880年，全美生产出的石油，95％都是由标准石油公司提炼的。美国有史以来，还从来没有一个企业能如此完全彻底地独霸石油市场。

石油托拉斯

随着石油帝国的发展，因本身庞大而导致的危险性也越来越大。洛克菲勒清醒地看到这一弊病并设法加以解决。此时，洛克菲勒在一本刊物上发现一篇文章，里面写道：“小商人时代结束，大企业时代来临。”这与他的垄断思想不谋而合，对文章予以高度评价，并以高达500美元的月薪聘请文章的作者多德为法律顾问。多德“走红”后，千方百计为洛克菲勒的公司寻找法律上的漏洞。一天，多德在研读《英国法》中的信托制度时，产生出灵感，提出了“托拉斯”这个垄断组织的概念。

在“托拉斯”理论的指导下，1882年1月20日，洛克菲勒在“标准石油公司”的股东大会上，组成成员为9人的受托委员会，掌管所有标准石油公司的股票和附属公司的股票。随后，受托委员会发行了70万张信托书，洛克菲勒等4人就拥有46万多张，占总数的2/3。就这样，他如愿以偿地创建了一个史无前例的联合企业——托拉斯。

19世纪80年代，标准石油公司进一步向西欧和中国扩大市场。在欧洲，标准石油公司赢得了欧洲大部分地区的煤油市场。在中国，标准石油公司分送掉几百万盏廉价的油灯，让中国人购买和点燃标准石油公司的煤油，这被美国报纸称为“点燃亚洲光明之灯”。就这样，标准石油公司把石油市场从欧洲扩展到亚洲，进而扩展到全世界。

1884年，洛克菲勒把标准石油公司总部迁到纽约市百老汇街26号，建立了全世界最大的石油集团企业。洛克菲勒成了蜚声海内外的“石油大王”。标准石油公司几经易名，最后定名为美孚石油公司。

激流勇退

1896年，57岁的洛克菲勒离开纽约总部，搬到了波坎铁柯庄园，正式退休。退休后，他几乎将全部的精力放到了发展慈善事业上。自19世纪90年代开始，每年的捐献都超过100万美元。1913年，洛克菲勒设立了“洛克菲勒基金会”，负责捐款工作。他捐款总额达5亿美元之多。

1937年5月23日，98岁的洛克菲勒在奥尔蒙德海滩别墅去世。他的子孙继承了他的事业。洛克菲勒家族是美国十大超级富豪之一，也是当今美国知名度最高的家族之一。洛克菲勒家族如今到底有多少财富，连他们自己也说不清。

^ 1937 年 5 月 23 日，洛克菲勒病逝，埋葬在其故乡俄亥俄州克利夫兰的湖景墓园。

VISIBLE HISTORY OF THE WORLD

关键词：电报员/钢铁大王/慈善

卡内基的钢铁帝国

■ 1835年～1919年

安德鲁·卡内基，一个叱咤商海的钢铁大王，一个捐款数亿美元的慈善家，一个公益事业的资助人。在早期的美国商海中，卡内基是典型的成功企业家。他留给后人的管理思想极具可操作性。而卡内基本人的成功经历，激励着一代代年轻人，成为后来者竞相模仿的蓝本。

穷小子“新移民”

1835年11月25日，安德鲁·卡内基出生于苏格兰的邓弗姆林。父亲威尔·卡内基经营手工作坊，纺织亚麻格子布，母亲玛琪以缝鞋为副业。卡内基的祖父性情开朗、机智幽默，具有不屈不挠的精神。卡内基作为长孙，以祖父的名字命名。他的外祖父是个富有才智的政治家，在当地颇为活跃。

卡内基出生的第二年，父亲添置了3台纺织机，并雇用了数名工人。随着家境有所好转，全家也搬进了新居。1843年，工业革命的巨浪席卷了邓弗姆林。这座古镇上出现了第一架蒸汽亚麻织布机。不久，在蒸汽机的冲击下，邓弗姆林的手工纺织业日渐衰颓，纷纷破产，卡内基一家的手工织布坊也难逃厄运。接着，1846年的欧洲大饥荒和1847年的英国经济危机，使得卡内基一家的生活状况急剧恶化。为了摆脱困境，卡内基的父母决定移民美国，他们变卖了家中所有产业，并且举债才凑足路费，启程前往美国。

^ 16 岁的卡内基与弟弟汤姆

1881 年，卡内基（右）与汤姆一起成立了卡内基兄弟公司。

卡内基一家到美国后，在匹兹堡的亲戚家安顿下来。为养家糊口，卡内基的父亲重操旧业，织起了桌布和餐巾，沿街叫卖，兜售这些产品。母亲以缝鞋为业，卡内基和弟弟汤姆在一旁帮忙。即便如此，一家人的日子过得仍相当清苦。

为了减轻家庭负担，卡内基到一家纺织厂当童工，周薪只有1.2美元。在白天劳累一天后，卡内基晚上还参加夜校学习，学习复式记账法。他所学的复式会计知识，成了他后来建立钢铁王国并使之立于不败之地的法宝。

电报员生涯

1849年冬，14岁的卡内基获得了大卫电报公司信差的工作。在短短一周内，身着绿色制服的卡内基便熟悉了匹兹堡的大街小巷。两周之后，他对郊区的路径也已了如指掌。由于他工作认真勤快，很快在公司获得一致好评。一年之后，卡内基升为管理信差的负责人。

卡内基每天都提早一小时上班，做完清洁工作之后，他就跑到电报房学习拍电报。日复一日地坚持着，他很快就熟练掌握了收发电报的技术。后来卡内基被提升为电报员，不久便成了电报公司里首屈一指的优秀电报员。每天送电报、拍电报的生活，让卡内基如同进了一所“商业学校”，让他熟悉了各公司间的经济关系及业务往来。日积月累之中，他熟读了这部无形的“商业百科全书”。卡内基在回顾这段时期时，称之为“爬上人

> 卡内基（前排右二）和非裔美国人布克·华盛顿（卡内基左边）等人的合影

布克·华盛顿是美国黑人的代言人，他和白人朋友合作，帮助筹款创建数百个社区学校和高等教育机构，以提高美国南方黑人的教育水平，卡内基是他的白人朋友之一。卡内基在自己事业的最巅峰，为慈善事业做出了巨大的贡献。

生阶梯的第一步”。

工作之余，卡内基很想多读点书来充实自己，苦于家境贫穷，根本无钱买书。幸好卡内基发现了一条消息：退役的詹姆士·安德森上校愿意将家中所藏400册图书借给好学的青少年们。得到这个消息的卡内基欣喜若狂，他找到上校的家，借到了自己心爱的书。此后，卡内基陆续从安德森家里借阅了许多图书，养成了喜爱读书的习惯。卡内基事业成功时，为了报答安德森，在其私人图书馆的原址，修建了大会堂和图书馆，并立碑纪念这位恩人。

新的职业

1853年，宾夕法尼亚州铁路公司西部管区主任斯考特看中了卡内基，聘他当私人电报员兼秘书，月薪35美元。这时的卡内基已经18岁了。此后的6年中，卡内基青云平步，24岁时升任该公司西部管区主任，逐步掌握了管理现代化大企业的技巧。与此同时，卡内基也抓住机会，参与投资，慢慢积累了一定的资金。1856年，斯考特劝卡内基购买10股亚当斯快运公司的股票，共计600美元。这对于积蓄仅有60美元的卡内基来说是个天文数字。但卡内基决心凑足这笔钱，他与母亲商量后，以房屋做抵押来贷款。这样，卡内基进行了第一次投资。不久，一张亚当斯公司10美元红利的支票送到了卡内基的手中。

此后，卡内基又将卧铺车的发明者伍德拉夫引荐给宾夕法尼亚铁路公司，后者建立了火车卧铺车厢制造公司。卡内基买下该公司1/38的股份。这笔仅200美元的投资，一年之间所得红利高达5000美元。到1863年，卡内基已经是股票投资方面的行家里手。

建立钢铁帝国

1865年，卡内基辞掉了铁路公司的职务，开始自己创业。他连续创办了匹兹堡铁轨公司、火车头制造厂以及铁桥制造厂，还开办了炼铁厂，开始涉足钢铁企业。卡内基深知传统钢铁企业的弊病，决心建立一个面目全新的供、产、销一体化的现代钢铁公司。

1872年，卡内基在炼钢事业上大干一场的时机已经成熟。首先，从技术上讲，成本低廉的酸性转炉炼钢法已经发明。其次，美国的钢铁市场前景广阔，供不应求。再次，就财力而言，卡内基已拥有数十万美元的股票及财产，他决定将资金集中到钢铁事业中来。1873年年底，卡内基与人合伙创办了卡内基—麦坎德里斯钢铁公司，公司资本共有75万美元，其中卡内基投资25万美元。在随后的20多年间，卡内基的财富增加了几十倍。

^ 卡内基塑像

安德鲁·卡内基的成功口诀是：“一切的财富，一切的成就，最初都只是一个念头而已。”

1881年，卡内基与弟弟汤姆一起成立了卡内基兄弟公司。1892年，卡内基兄弟公司与另两家公司合并，组成了卡内基钢铁公司。他终于攀上了事业的顶峰，成了名副其实的钢铁大亨。19世纪末20世纪初，卡内基钢铁公司已经发展成世界上最大的钢铁企业，它的年产量超过了英国全国的钢铁产量，年收益额达4000万美元。卡内基虽然是公司的最大股东，但他不担任董事长、总经理之类的职务。卡内基的成功，很大程度得益于他任用了一批懂技术、懂管理的人才。他曾经说过一句名言：“如果把我的厂房设备、材料全部烧毁，但只要保住我的全班人马，几年以后，我仍将是一个钢铁大王。”

致力慈善事业

早在33岁时，卡内基就在日记上写了一段话：“对金钱执迷的人，是品格卑贱的人。如果我一直追求能赚钱的事业，有一天自己也一定会堕落

∨ 19世纪80年代，宾夕法尼亚州南部铁路施工时的情景

卡内基站在前排中间。19世纪60年代初，卡内基通过与投资宾夕法尼亚铁路的投资者合作，逐渐跨入了富人的行列。

下去。假使将来我能够获得某种程度的财富，就要把它用在社会福利上面。”

1900年，年逾花甲、功成名就的卡内基决定心安理得地退休了，开始用自己的巨额财富去做慈善事业。他在《财富的福音》一书中宣布：“我不再努力挣更多的财富。”卡内基毅然从他那蓬勃发展的钢铁事业中引退，以5亿美元的价格将卡内基钢铁公司卖给了金融大王摩根。

^ 在19世纪后半叶的美国，一些人富堪敌国，而其中一个人却认为：“一个有钱人如果到死还是很有钱，那就是一件可耻的事情。”这个人就是安德鲁·卡内基。

1901年，卡内基首先拿出500万美元为炼钢工人设立了救济和养老基金。接着，他在纽约市捐款建立了68座图书馆。这个图书馆事业持续了16年，总共捐资1200万美元，兴办图书馆3500座。1902年，卡内基捐款2500万美元，创立“卡内基协会”，主要用来发展科学、文学和美术事业。

在随后的几年中，卡内基又设立了若干项基金：他捐资500万美元设立“舍己救人者基金”，捐资3900万美元设立“大学教授退休基金”。卡内基还设立了“总统退休基金”和“作家基金”。此外，他向11个国家提供了“卡内基名人基金”，并以1000万美元设立了“卡内基国际和平财团”。

至生命结束之前，卡内基的捐献总额高达3.3亿美元。1919年8月11日，84岁高龄的卡内基在美国雷诺克斯市谢世。从不名一文的移民到“钢铁大王”，再到功成名就后，将几乎全部的财富捐献给社会，他的一生可谓跌宕起伏，又正能量十足。

VISIBLE HISTORY OF THE WORLD

关键词：电灯/电学家/发明家

伟大的发明家爱迪生

■ 1847年～1931年

托马斯·阿尔瓦·爱迪生（1847—1931），美国举世闻名的电学家和发明家，除了在留声机、电灯、电话、电报、电影等方面的发明和贡献外，在矿业、建筑业、化工等领域也有不少创造和真知灼见。爱迪生一生约有2000项创造发明，为人类的文明和社会进步做出了巨大的贡献。爱迪生的一生，正如他自己所说的：“我始终不愿抛弃我的奋斗生活，我极端重视奋斗得来的经验，尤其是战胜困难后所得到的愉快，一个人要先经过困难，然后踏进顺境，才觉得愉快、舒适。”

< 爱迪生像

艰辛童年

1847年2月11日，爱迪生诞生于俄亥俄州的米兰小镇。他的父亲是荷兰人的后裔，母亲是苏格兰人的后裔，曾当过小学教师。爱迪生7岁时，由于父亲经营的

^ 爱迪生的门洛帕克实验室

爱迪生被传媒誉为“门洛帕克的奇才”。爱迪生的主要发明诞生在新泽西州的门洛帕克实验室，它是第一个专门用于技术革新的机构。

砖瓦生意亏本，全家搬到密歇根州休伦郊区的格拉蒂奥特堡。爱迪生8岁上学，仅读了3个月的书，由于好奇多问，被老师斥为“低能儿”赶出学校。退学在家的爱迪生由母亲进行教育，由于母亲良好的教育方法，使他对读书产生了浓厚兴趣。8岁时，爱迪生已经阅读了莎士比亚、狄更斯的作品以及许多重要的历史书籍。9岁时，他能够迅速读懂难度较大的书，比如帕克的《自然与实验哲学》。11岁时，他对化学产生了浓厚的兴趣，为了赚钱购买化学药品和实验设备，爱迪生开始工作。12岁时，他获得了一份在列车上售报的工作，奔波于休伦港和底特律之间。在此期间，他购买了一架旧印刷机，开始出版自己的报刊——《先驱报》。当时正是美国的内战时期，爱迪生一人兼任记者、编辑、排版、校对、印刷和发行工作，小报在列车上的销量很好。通过这些努力爱迪生获得了一定的积蓄，

^ 爱迪生和他的早期留声机

电话、电报是“扩展人类感官功能的一次革命”，留声机则是“改变人们生活的三大发明之一”，也是爱迪生极其重大的发明成就。

经列车长同意，在行李车上建立了一个化学实验室，以进行化学实验。不幸的是，有一次因为一块磷掉到了木地板上而引起了火灾，列车长一气之下把爱迪生的设备全都扔出了车外。

报务员

1862年8月，爱迪生在火车轨道上救了一个男孩。孩子的父亲对爱迪生万分感激，由于他没有金钱酬谢，便将自己的技术——电报技术教给了爱迪生。1863年，爱迪生就职于大干线铁路公司，担任斯特拉福特枢纽站报务员。1864年至1867年，爱迪生过着类似流浪的生活，在中西部各地担任报务员，足迹踏遍了斯特拉特福、阿德里安、韦恩堡、印第安纳波利斯、辛辛那提、纳什维尔、田纳西、孟菲斯、路易斯维尔、休伦等地。

1869年6月初，爱迪生来到纽约。当他在一家经纪人办公室等候面试时，这个办公室的一台电报机坏了。爱迪生凭借自己过人的技术，修好了这台电报机，也由此获得了一个工作机会。当年10月，他与波普一起成立了“波普—爱迪生公司”，这个公司专门经营电气工程的科学仪器。在这里，爱迪生发明了“爱迪生印刷机”，获得了4万美元的专利收入。在公司，爱迪生通宵达旦地工作，培养出许多能干的助手，其中美丽勤劳的姑娘玛丽成了他的第一任妻子。1872年至1875年，爱迪生先后发明了二重、四重电报机，协助别人完成了世界上第一台英文打字机。

“门罗公园的魔术师”

1876年春，爱迪生迁居到了新泽西州的“门罗公园”。在这里，他建造了第一所“发明工厂”。1877年，爱迪生改进了贝尔发明的电话，使之投入了实际使用当中。爱迪生还发明了一个他心爱的项目——留声机。这个发明的起因很偶然，有一次，爱迪生在调试电话时，由于他听力不好，使用一根短针来检验传话膜的振动。不料出现了一个奇特现象：短针一接触到传

^ 1930 年的留声机

爱迪生发明的留声机是唱机和激光视盘机的“老前辈”。

话膜，随着声音强弱的变化，就有规律地颤动。这种现象激发了爱迪生的发明灵感，他想，如果反过来做，不是就可以复原声音吗？这样不就可以把声音贮存起来了吗？

经过四天四夜的思考，爱迪生终于设计出了留声机的图纸。1877年8月20日，他把图纸交给机械师，当按图纸造出来的留声机摆在大家面前时，大家看到它极为简单的结构，很难相信它会放出声音。为了证明这一发明，爱迪生当场做了演示，他一边摇动铁柄，一边对着受话器唱起来：“玛丽有只小白羊，它的绒毛白如霜。”接着，爱迪生让一个同伴把耳朵对着受话器，自己将针头放回原来的位置，重新摇动手柄，刚才的歌声又出现在了同伴耳边。留声机终于得到大家的认可。“从发明的想象力来看，这是他极为重大的成就。”这个时候，人们都称他为“门罗公园的魔术师”。

发明电灯

电灯问世以前，普遍使用的照明工具是煤油灯或煤气灯。但是这两种灯很容易引起火灾，酿成大祸。自从法拉第发明电机后，科学家想尽办法，想发明一种既安全又方便的电灯，爱迪生也加入了这一行列。

他首先从白热灯着手实验，他设想把一小段耐热的材料装在玻璃泡里，当电流把它烧到白热化的程度时，这种材料就会由于发热而发光。对于材料的选择，爱迪生首先想到的是炭，于是把一小截炭丝装进玻璃泡里，可是，刚一通电炭丝马上就断裂了。爱迪生发现这是因为玻璃泡内有空气的缘故，于是他用抽气机尽可能把玻璃泡里的空气抽掉。一通电，电灯亮了起来，但8分钟后，灯还是灭了。爱迪生终于发现——真空状态对白热灯非常重要，关键的问题是炭丝。

应该选择什么样的耐热材料呢？爱迪生觉得熔点最高、耐热性较强的要算白金了！爱迪生和助手们用白金试了好几次，可是白金虽然能使电灯发光时间延长，但仍需要不时地自动熄掉再自动发光，效果依然不理想。此后爱迪生先后试用了钡、钛等许多稀有金属，效果都不是很理想。过了一段时间，爱迪生对实验工作做了一个总结，把自己所能想到的材料全部写下来，有1600种之多。他对这1600种耐热材料分门别类地开始进行实验，实验结果还是白金最为合适。接下来，由于改进了抽气方法，灯的寿命延长到两小时。但以白金为材料做成的灯，价格太昂贵了，完全没有生产使用的价值，实验工作陷入低谷，爱迪生异常苦恼。经过长时间的思考，爱迪生还是觉得炭较为划算，并且发现棉花的纤维要比木材的纤维好，他使用棉纱做成炭丝进行实验，结果效果极佳。接下来，爱迪生连续进行了多次实验，灯泡的寿命一下子延长到13小时，后来又达到45小时。这个消息传开后轰动了整个世界。

^ 爱迪生发明的电灯

爱迪生拥有超过2000项发明，其中留声机、电灯、电力系统和有声电影，丰富和改善了人类的文明生活。

后来，又经过反复实验，爱迪生发明了竹丝灯泡，电灯由此开始进入千家万户。1906年，爱迪生又改用钨丝来做实验，使灯泡的质量又得到提高，

^ 爱迪生的文化程度很低，对人类的贡献却如此巨大，他除了有一颗好奇的心，一种亲自实验的本能，还具有超乎常人的精力和一往无前的果敢精神。

一直沿用到今天。

晚年辉煌

1887年，爱迪生把实验室迁往西奥兰治以后，创办了许多商业性公司，这些公司后来合并为爱迪生通用电气公司，后又称为通用电气公司。此后，爱迪生的兴趣又转到荧光学、矿石捣碎机、铁的磁离法、蓄电池和铁路信号装置上。

第一次世界大战期间，爱迪生研制出鱼雷机械装置、喷火器和水底潜望镜。1929年10月21日，在电灯发明50周年的时候，人们为爱迪生举行了盛大的庆祝会，爱因斯坦和居里夫人等著名科学家纷纷前来祝贺。不幸的是，就在这次庆祝大会上，爱迪生致答谢词的时候，由于过分激动，突然昏厥过去。从此，他的身体每况愈下。1931年10月18日，这位为人类做过伟大贡献的科学家因病逝世，享年84岁。

历史断面

发明家的沃土

在第二次工业革命的大潮中，美国诞生了无数对人类文明产生重大影响的发明。为什么美国一个新兴的资本主义国家会在科技创新、发明创造方面超过欧洲强国呢？这主要是因为美国在立国之时就为发明家们准备了良好的条件。早在1787年，美国的开国元勋们制定宪法时，就将专利权写入其中，用国家最根本的法律保障了发明者的利益。1790年，美国又颁布了世界上第一部《专利法》。1802年，美国又成立了专利局，这个部门专门负责保障专利权人在一段时间内享有自己的专利权，不受他人的非法侵害。正是因为美国高度重视保护发明者的利益，因此美国在第二次工业革命期间才出现了众多的科技发明，间接促进了美国经济的高速发展。

VISIBLE HISTORY OF THE WORLD

关键词：福特汽车/流水线

汽车大王亨利·福特

▪ 1863年～1947年

现在，汽车已成为都市生活中不可或缺的交通工具，汽车的发明是人类历史的重大进步。而提起汽车，就不能不说起一个人，他就是亨利·福特。作为汽车创造业的先驱者之一，他在世界汽车史上占有重要地位。正是因为福特采用的流水线生产方式，使福特公司成为世界上第一大汽车公司。福特公司所推出的T型车、A型车、V型车等被称为“世界车”，是汽车工业发展史上的重要里程碑。

不做农场主的发明家

1863年7月30日，福特生于密歇根州底特律市郊的一个小城，他的父亲是一名农场主。福特是家中的长子，被父亲寄予了很大期望，父亲想让他继承祖业，从事农场事务。可是福特对农场毫无兴趣，他真正喜欢的是机械。童年时他曾看到的蒸汽机在他的心中留下了深深的烙印，他相信机械的力量是无穷大的。

17岁时，福特离开家乡，来到位于底特律的密歇根汽车制造公司。可是福特在这个公司仅仅干了6天便离开了，原因是这家拥有2000人的大

< 亨利・福特坐在他生产的第一辆汽油驱动的车上。

公司最优秀的员工需要几小时才能修复的机器，福特30分钟就可以修好，其他员工对福特十分不满，公开对福特进行排挤。此后，福特先后从事过机械修理、手表修理、船舶修理等工作。他一边工作一边参加夜校学习，福特这样刻苦努力是为了“自己开一家制造机械的工厂”，而不用屈居于人下度过一生。但事事难尽如人意，对于福特来说，残酷的现实让他不断奋起却又不断失败，钟表厂的梦想破灭了，研究内燃引擎又处处碰壁，接二连三的打击让福特心灰意冷。在离家两年之后，福特又回到了家乡。

这一次回家，福特一待就是10年，但他并未放弃自己的创业梦想。对他来说，紧张而刺激的都市生活才是他想要的理想生活，他逐渐产生了一个想法：设计一种燃烧汽油的发动机，并且让这个发动机驱动四轮车。这个想法萌发后，便在

^ 亨利·福特被称为“汽车界的哥白尼”，《纽约时报》曾评论说：“福特不仅是福特汽车公司的创始人，同时也带动了整个汽车行业的发展。”

福特的脑海里扎下了根。福特下定决心：“一定要走出农场，回到底特律！”

“速度之魔”

当时美国正处于新兴汽车即将取代马车的过渡时期，1893年，杜里埃兄弟设计制造出了美国第一辆以汽油为燃料的汽车。此后，许多人跃跃欲试想要在这一领域大展身手，福特也把自己所有的精力放在制造汽车上。1896年6月4日，在好友的帮助下，福特设计制造的第一辆汽车诞生了。尽管这辆车速度奇慢，外观也奇怪无比，却是福特的杰作，也是底特律生产的第一辆汽车！福特开着这辆车在底特律市里转来转去，引来好多人围观，看着这个奇形怪状的东西，人们把福特嘲讽为“疯子亨利”！

一次偶然的机会，福特遇见了发明家爱迪生，他激动地向爱迪生说明了自己的想法。在爱迪生的鼓励下，36岁的福特孤注一掷，他辞去本职工作，潜心研制汽车。到1899年，他已经成功制造了三辆汽车。

1901年，福特驾驶着自己制造的赛车参加了一年一度的全美汽车大赛，赢得了冠军。从此之后，福特闻名全国。1902年，福特又参加了一次全国性的汽车大赛，其速度远远地超出了第二名。这两次胜利不仅使福特声名大噪，更为他以后的成功打下了坚实的基础。

1902年11月，福特成立了自己的公司。公司成立之初，福特设计了高、中、低三种级别的汽车。第一年，福特推出的A型车成了抢手货，公司赚取了相当可观的利润。面对巨大的成功，福特很清楚，人们现在只是对汽车感到好奇，一旦他们习惯使用，将会变得更挑剔，汽车的质量和价格，才是福特公司的生命力之源泉。

很显然，小小的福特公司不可能占据全部汽车市场，因而必须突出重点，福特决定将受众更广的低档车作为主打产品。面对各位股东的质疑，福特说："美国地域辽阔，生活着很多人，工人、农民占大多数，他们才是汽车的真正需要者。我主张

∨ 亨利·福特的汽车生产车间

亨利·福特是世界上第一位使用流水线方式大批量生产汽车的人。流水线的生产方式使汽车成为一种大众产品，它不但掀起了工业生产方式的革命，而且对现代社会和文化产生了巨大影响。

多生产低档车，特别是要进行标准化大批量生产，把便宜实用的汽车卖给这些人，这才是我们公司长期的战略！”尽管低档车技术难度不高，却面临着许多新的问题。为了让低档车进入千家万户，这种车必须简单、轻便、耐用、易修理，而且还能在崎岖不平的乡间路上奔驰，这些都对汽车的零配件提出了新的要求。更重要的一点是，这种车必须廉价，以便每个家庭都买得起。为此，福特经过一番深思熟虑之后，认为只有汽车构造简单，才可能轻便，才易修理。而且，简单的设计也更易于大批量生产，产量增大时，成本就会降低，价格就可以更加低廉。此后，“标准化，简单化”成了福特新款汽车设计的标准。经过多次修改，福特的新设计定型了。这款汽车被命名为“福特牌T型号”汽车，后来成为汽车史上最著名的车型。

“流水线”和“5美元工作日”

在对汽车款型进行革新的同时，福特的商业思想也在不断革新。面对雪片般飞来的订单，福特既欢喜又忧愁，他发愁的是自己工厂原始的组装技术无法适应大规模的机械化生产需求。

有一天，福特路过一个屠宰场，看到牛被送进屠宰车后电击、放血、开膛剖腹、分割，整个过程分别由不同的人来完成。福特突发灵感，觉得将这种具有连贯性又有工作效率的流水作业方式运用到汽车制造上，那么一辆汽车的制造用时不就大大减少了吗？

福特待想法一成熟，就在公司进行了前所未有的革新。1913年春，世界上第一条汽车流水装配线在福特的工厂里出现了，大规模流水装配线带来的是生产方式上的一次伟大革命。福特公司连续创造了世界汽车工业时代的生产新纪录：1920年2月7日，生产一辆汽车用时一分钟；1925年10月30日，10秒便可生产一辆汽车。这种以全新的生产方法和管理方式为核心的福特制，为汽车工业的发展树立了楷模，掀起了世界范围内具有历史意义的“大批量生产”的产业革命。

不仅如此，福特还特别关注工人的生活，他认为，生产的汽车如果连自己的员工都买不起，生产的汽车还有什么意义？因而必须让员工首先买得起自己所造的车，只有这样才能促进公司的发展。当时，美国工人的工资是每天1美元到1.5美元。于是福特把所有媒体的记者请来，向他们宣布：从今天开始，福特公司所有生产线上的员工每个人的日工资涨到5美元，这让所有在场的人惊呆了。当时如果工人一天挣5美元，立刻就能变成福特汽车的买主。“5美元工作日”这个新提法，引起了全美国的热烈反响。无数工人从各地涌向底特律，要求在福特汽车厂工作，最后福特不得不把“雇员已满”的牌子挂到工厂门口。新闻界对此给予了很高的赞扬，记者们声称：“新的经济时代已经来临！”

博物馆陈列的福特T型汽车

VISIBLE HISTORY OF THE WORLD

关键词："大棒政策" / "公平施政" / 保护自然资源

挥舞大棒的西奥多·罗斯福

■ 20世纪初

1901年美国第25任总统麦金莱遇刺身亡之后，当时兴起的进步主义运动在白宫有了一个代言人——西奥多·罗斯福。随着市、州改革的深入，改革派开始转向首都华盛顿，以求解决全国性的问题：如对大公司的进一步控制和管理，对银行体制的改革，关税政策的修订，自然资源的保护，等等。这些问题的根本解决，单纯依靠某个州或某些州的努力无济于事，重要的是需要一个充满活力的全国性的代言人，西奥多·罗斯福正是进步派所迫切需要的人物。

^ 美国第26任总统西奥多·罗斯福

最年轻的美国总统

1901年9月，美国总统麦金莱遇刺身亡，43岁的副总统西奥多·罗斯福入主白宫，成为美国历史上最年轻的总统之一。罗斯福是一个颇具传奇色彩的人物，他的经历十分复杂；他当过警察、牛仔，既是战斗英雄又是为正义而战的勇士；他出身名门，毕业于著名的哈佛大学，早年立志从政，是一名忠诚的共和党人。1898年11月，西奥多·罗斯福当选为纽约州州长，州长任期内（1899～1900）他厉行改革，因而遭到共和党内保守派的排挤。长期控制纽约的共和党“党魁”托马斯·普拉特于1900年提名罗斯福为副总统候选人，将他赶出了纽约州。

^ 1901年9月6日，麦金莱总统被刺杀身亡，罗斯福接任总统。这是1905年1月，罗斯福为总统连任做演讲。

作为一个接受过良好教育的政治家，罗斯福任纽约市官员期间，曾对贫民窟的状况深感震惊，并开始倾听社会改革家的主张和民众的呼声。他家的大门总是对知识分子、诗人、牛仔、艺术家和年轻记者们敞开着。罗斯福还是一个虔诚的共和党人，他之所以选择共和党，首先因为共和党的哲学不仅是专注于精英政治和贵族政治，还强调努力工作、不断进取、过道德和诚实的生活。其次，罗斯福是个带有浓厚色彩的国家主义者，而共和党一贯宣传“美国至上”。在政治上，罗斯福是汉密尔顿的信徒，他希望建设一个充满生机活力的国家，他认为总统是“人民的管家，应该为人民鞠躬尽瘁”。

罗斯福继任之后，他充分利用自己积累的十余年从政经验，纵横捭阖，寻找机会。他网罗了一批出色的顾问和僚属，改组了联邦政府机构，巧妙地摆脱了共和党“党魁”马克·汉纳对共和党党内事务的控制，确保了官员的任命权。罗斯福先后任命伊莱休·鲁特为国务卿、威廉·塔夫脱为陆军部部长、吉福德·平肖为森林局局长、詹姆斯·加菲尔德为内政部部长。

“大棒政策”

在对外政策上，西奥多·罗斯福奉行狂热的扩张主义政策，他认为维持世界秩序是文明强国义不容辞的“责任”。

罗斯福的外交政策以强大的军事实力为后盾，即以“大棒”为主。1903年～1904年，罗斯福向国会提出建立海军的计划，但是遭到众议员西奥多·伯顿的反对。1904年2月22日，伯顿在国会发表了反对海军计划的演说。次日，罗斯福就伯顿的观点写信予以答复，他说：“我认为希望停止建造海军的那些人的根本错误是，在一个需要力量和勇气的时候，人们表现得缺乏勇气和力量……要是我们在菲律宾有一个海军基地，要是我们在亚洲海域有一支海军舰队，或在我们人民希望找到市场的东亚发挥作用，那么在苏比克湾建立一个我们的海军基地就是最重要的……欧洲各国虽然大多过上了荣耀和自尊的生活，但无力在外交事务中完成任何重大作为，就是因为他们在良好愿望的背后缺乏力量……同正义与和平的目的相随的是，我们拥有一支表明我们不会屈服顺从非正义或默认破坏和平的海军。”

罗斯福提出门罗主义“推理”的实质，就是要使

< 罗斯福与家人在一起。他与第一任妻子爱丽丝·李育有一女，爱丽丝·李产后两天去世；与第二任妻子伊狄斯·卡柔育有四子一女。

历史断面

罗斯福“西部牛仔”的来历

罗斯福因在美西战争中的优异表现而出人头地。1897年麦金莱总统任命他为海军部副部长，而麦金莱本人对海军不感兴趣。于是，罗斯福大权独揽。1898年4月25日美西战争爆发，罗斯福终于等到了大显身手的机会。他指挥美国海军彻底摧毁了西班牙远洋舰队，从此西班牙沦落为列强中的小角色。接着，罗斯福辞去海军部的文职工作，组建了一个包括西部牛仔老朋友和东部常青藤老校友的兵团，号称“美国第一志愿骑兵旅”。在1897年古巴境内的两场战斗中，该旅战绩显赫。由此，罗斯福被人称为“老牛仔”。

“美洲是美洲人的美洲”变成“美洲是美国人的美洲”。在外交手段上，罗斯福的信条是“说话温和，手握大棒”，这就是所谓的“大棒政策”。为了增加“大棒”的分量，罗斯福大力发展美国海军力量，由此美国海军综合实力由世界第7位急剧上升为第2位。

“公平施政”

罗斯福就任之后，另一个重大的政策变化是针对劳工问题的。和以往的政府不同，他试图采取仲裁的方法来解决工人的罢工问题。19世纪末，美国政府在劳资关系问题上长期偏袒资方。芝加哥罢工发生后，联邦最高法院裁定工会活动“阴谋阻碍贸易”，并援引《谢尔曼反托拉斯法》发布了罢工禁令。结果，联邦政府派出军队，武力镇压了罢工。当时美国政府对待劳工的政策就是暴力镇压，而对引起罢工的经济和社会原因则视而不见，听而不闻。世纪之交的美国阶级矛盾更趋尖锐，工人罢工运动此起彼伏，成为美国政府亟待解决的一个紧迫问题。

在罗斯福看来，工人联合和工会兴起是必然的，他反对法院在劳资冲突中滥用禁令压制工人。1902年4月，罗斯福在一次公开演讲时说："对劳工和资本来说，这都是一个大联合的时代。这些联合在许多方面都产生了良好的效果，使他们都必须在法律之下活动，有关他们的法律则必须公正而明智，否则他们就不可避免地要做出坏事来。"

1902年5月，宾夕法尼亚州无烟煤矿工人举行罢工，要求资方实行8小时工作日制，承认工会，增加工资，罢工者多达15万人。煤矿的拥有者铁路公司不愿同矿工联合会进行谈判，并雇用非工会会员进行生产，双方最终发生流血冲突，伤亡多达60余人。在冲突中，劳工表现得有秩序、有纪律，愿意将纠纷提交仲裁，但资方毫不妥协，一味要求政府派兵镇压罢工者，结果罢工一直持续至10月。

∨ 西奥多·罗斯福的"大棒政策"漫画，他是推行帝国主义干涉政策的代表人物。

随着燃料的缺乏以及冬天的到来，公众对矿主的不满情绪日益加剧。罗斯福既对缺煤情况焦虑不安，又对介入争端犹豫不决。10月初，事态进一步恶化，在这种情况下罗斯福召集劳资双方代表到白宫磋商。工会领袖约翰·米切尔提出将争端交付仲裁，但矿主方面依然不同意，反而要求总统必要时动用军队迫使工人停止罢工。资方的这种态度激怒了罗斯福，他决定动用军队接管煤矿并组织生产。形势再度紧张，在摩根等人的协助下，矿主接受了解决办法。

经商定，劳资双方同意和解，矿工复工，由总统任命一个委员会对有争议的问题进行仲裁。12月，委员会组成。罗斯福告诫委员会："要努力在无烟煤矿区将雇主与工人的关系建立在一个公正而永久的基础上，并尽可能地消除引起困难的因素。"经过近4个月的调查研究，委员会于第二年3月裁定：矿工工资提高10美元，非工会工人与工会工人待遇相同，劳资之间的所有争执均由一个6人委员会协调解决，协调没有结果时由当地联邦巡回法院的法官做最后仲裁。这个裁决结果，得到了双方的认可，双方都声称自己获得了胜利。对于这一事件，《纽约论坛报》评论道：委员会的报告"赋予这场争端的一方以胜利，但胜利的一方既不是工会，也不是矿主，而是第三方，那就是广大公众。公众的利益尽管常被劳资双方及热心的斗士们忽略了，却是永久的"。

自然资源保护

南北战争之后，美国一些开明人士开始关注自然资源的保护问题，并且展开了自然资源保护活动，只不过这些活动主要局限于民间，多系自发的、零星的活动，没能产生多大影响和效果。20世纪初，由于罗斯福总统的提倡和推动，自然资源保护运动在美国演变成了一场全国性的、全社会普遍关注的大规模运动。

保护自然资源是罗斯福长期专注的一项事业。到罗斯福就任总统之后，这项事业取得了辉煌的成就。1901年12月，罗斯福在递交国会的第一份国情咨文中，阐述了自然资源保护的政策和主张，为自然资源保护政策定下了基调。1900年之前，西部许多州大力兴建灌溉工程，但其中绝大部分由于财政原因而中断。国会参议员法兰西斯·G. 纽兰兹提议政府设立开垦局、建立专项基金来支持灌溉工程的修建。法案先在参议院通过，但在众议院引起激烈辩论。众议院“党魁”约瑟夫·坎农坚决抵制该法案，罗斯福则积极地支持法案通过。1902年6月，《纽兰兹法》经总统罗斯福签署而生效。根据这个法案，联邦政府组建了一个土地开发署，负责西部灌溉工程的修建和管理。

罗斯福认为森林是整个自然资源良性循环的关键，水土保持、环境美化、野生动物的生息繁衍、林木产业的发展，无不与森林息息相关。从克利夫兰总统执政时起，美国政府就已收回百万英亩的林地，开辟了国有森林保留地，禁止任意砍伐。罗斯福上任时，国有森林保留地的面积已经达到18万余平方千米。但是，国有林地的管理却存在严重弊端。管理权分属不明确，根本无法实行集中有效的管理，在罗斯福和他的顾问平肖的努力下，国会同意将森林管理权划归农业部。平肖领导的森林局在总统的大力支持下不断发展壮大，它不仅成为一个高效的管理机构，也是自然资源保护运动的信息中心和宣传部门。

^ 罗斯福骑马雕像，旁边站立的是美国印第安人，雕像位于美国自然历史博物馆前，是为纪念罗斯福对保护自然的贡献而建。

罗斯福的另一个目标是建立新的森林保留地。就任总统的第一年，他下令建立了15个森林保留地。此后迫于各派压力，至1905年一直没有采取新的举动。国会内代表反对自然资源保护运动派利益的议员，利用立法极力阻挠扩大森林保留地。1907年2月，该派在讨论关于农业部拨款的提案中附加上一项条款，规定不经国会同意，不得在西部6州开辟新的森林保留地。罗斯福在签署法令的前4天，突击下令将约30万平方千米的林地划归国有。至此，国有林地达150个，总面积达61万平方千米。此外，罗斯福在矿产资源、野生动物、风景名胜的保护等方面，也采取了一系列措施：下令将占地面积约26万平方千米的矿产资源划归国有，禁止任意开采；建立了53个野生动物保护区，禁止任何猎杀活动；改善了国家公园的管理，下令建造18处国家历史纪念地。

∨ 罗斯福是第一位对环境保护有长远考虑的总统，他设立的国家公园和自然保护区面积比其所有前任总和还要多，共约 1.94 亿英亩，下图举世闻名的大峡谷国家公园就是其中之一。

VISIBLE HISTORY OF THE WORLD

关键词：金元外交

塔夫脱与“金元外交”

▪ 1910 年

威廉·霍华德·塔夫脱出身于俄亥俄州的豪门，从耶鲁大学毕业后在俄亥俄州当律师，1887年任州高等法院法官，1890年～1892年任司法部副部长，1901年任菲律宾总督。1908年，在罗斯福的支持下，塔夫脱在总统竞选中获胜。执政后，塔夫脱声称继续开展“反托拉斯战”，但不久就采取了对垄断企业大开方便之门的“自由放任”政策。在对外方面，塔夫脱提出“金元外交”，向外输出资本，进行经济渗透。

1908年大选

1907年，罗斯福明确宣布不再谋求连任。实际上，他早已选好了接班人，此人就是威廉·塔夫脱。在罗斯福眼中，塔夫脱是执行他既定方针的理想人选。塔夫脱来自俄亥俄州，曾任联邦法官、菲律宾总督和陆军部部长，一直支持罗斯福的政策。罗斯福的青睐和共和党内的支持，使塔夫脱轻而易举地获得了总统候选人提名。

塔夫脱的竞争对手是民主党候选人威廉·詹宁斯·布赖恩。布赖恩声称自己是罗斯福的合法继承人。在这次竞选中，布赖恩把焦点放在了资本

^ 威廉·霍华德·塔夫脱像

塔夫脱任内代表垄断资本家阶层，处处维护他们的利益，对内提高关税，对外推行“金元外交”，加强侵略和控制拉美国家。

的力量上。他倡导“煤气和自来水社会主义”，要求终止证券市场的投机行为，废除童工，制定严格的纯净食品和药物法案，改革金融。由于公开支持罗斯福，布赖恩赢得了民主党内进步派别的支持。当时，除了南部选区外，其他地区塔夫脱都占据优势。

不出预料，本次大选布赖恩败北，塔夫脱以52%的普选票和321张选举人票当选为美国第27任总统，布赖恩只得到了162张选举人票。

谨小慎微的塔夫脱

塔夫脱是一个典型的保守派。他在政治上优柔寡断，不够圆熟老到，不愿充分行使总统权力，惧怕权力的扩大会侵犯其他部门的传统权力。塔夫脱上台前曾承诺要实现罗斯福的纲领，上台之后却处处谨慎从事。不久，他便处于共和党内反对派的敌对包围之中。

进步派对塔夫脱大为不满，首先表现在关税问题上。在竞选中，塔夫脱表示能够适当降低关税，上台后也“履行诺言”。进步派指望塔夫脱承担起关税立法的重任，但塔夫脱不愿在此问题上施加影响，结果众议院通过的关税提案只降低了部分关税。1909年，共和党内的进步派在参议院发动攻势，以便在讨论《佩恩—奥尔德里奇关税法》中能够达到削减关税的目的。但保守派把持的参议院删除了草案中关于征收遗产税的条款，并对众议院通过的提案做了八百多处修改。最后进步派与保守派达成妥协：同意对股份公司征收公司所得税，同时保证通过一项宪法修正案，以便使征收个人所得税合法化。最后通过的《佩恩—奥尔德里奇关税法》体现了关税保护主义者的胜利。同年9月，塔夫脱多次发表演说，指责进步派反对他所认为的“共和党曾制定的最好的关税法”。

“金元外交”

塔夫脱宣誓就职后，继续美国扩张主义的外交政策。1910年，塔夫脱在匹兹堡的演讲中提出了“金元外交”。他说：“促进和平关系和促进商业关系是一致的。如果美国保证能使其公民在国外投资的合法权利得到保护，那么这也将促进大规模投资并刺激商业关系扩大，其结果是值得赞扬的。这样的外交政策被称为‘金元外交’……在这样政策的影响下，美国向外国政府提供贷款是合情合理的。”

1912年12月，塔夫脱在给国会的最后一份国情咨文中说，“金元外交”是为了保护中美洲国家不受沉重的外债的危害。“美国政府乐于鼓励和支持那些愿意伸手援助，使这些国家财政得到复兴的美国银行家，因为这种财政复兴以及防止海关成为所谓独裁者的掠夺对象的做法，乃是一举两得的事情。一方面可消除外国债权人的威胁，另一方面也可消除革命混乱的威胁。”塔夫脱上台后，分别指派国务卿菲兰德·C. 诺克斯指导加勒比地区的政策，依靠威廉·菲利普和维拉特·斯特赖特处理远东问题。1912年，塔夫脱对他的“金元外交”做了系统说明，即“以金元代替枪弹”，并非放弃枪弹，而是金元和枪弹并用，以枪弹为后盾，用金元开路，对弱小国家实行资本输出和经济侵略。

VISIBLE HISTORY OF THE WORLD

关键词：华尔街/金融/银行家

“华尔街之子”摩根

■ 1837年～1931年

美国从自由资本主义过渡到垄断资本主义时代，华尔街曾以“美国的金融中心”闻名于世，纽约证券交易所、美国证券交易所、投资银行、政府和市办的证券交易商、信托公司以及资本家开办的银行等集中于此。以摩根为代表的金融寡头，通过金融操作的手段逐渐向工业领域渗透，逐渐控制了整个国家的银行、保险、铁路、航运、采矿、制造业等行业，掌握了国家的经济命脉，影响着美国的政治决策，这又使“华尔街”成为国家的决策中心和美国垄断资本的代名词。

投机黄金

约翰·皮尔庞特·摩根于1837年4月17日生于一个商人家庭，他的父亲朱尼厄斯·斯潘塞·摩根是新英格兰地区的富商。摩根出生时，朱尼厄斯已经成功地将英国游

< 金融巨头约翰·皮尔庞特·摩根

^ 纽约证券交易所

资引入美国，靠经营美国国债、州债、股票及国外汇兑等金融业务成为巨富。摩根遗传了父亲的经商才能，于1858年通过一笔咖啡买卖赚取了人生的第一桶金。后来，在父亲的资助下，摩根在华尔街纽约证券交易所对面成立了摩根商行，开始建筑自己的经济大厦。

美国内战期间，债券交易十分红火，华尔街证券交易所因此繁荣起来，很多人因无法进入纽约证券交易所进行交易，就到其对面的开放证券交易所交易，摩根的商行就设在这里。在与投资客打交道的过程中，摩根认识了一个名叫克查姆的朋友，两人经常探讨证券交易的诀窍。

一次闲聊中，克查姆对摩根说道："我父亲在华盛顿打听到，最近北军伤亡惨重。"这个消息触动了摩根那敏感的神经。此时财政部部长波兰·乔伊斯开始实施"赤字政府"政策，尽管政府出现货币不足，乔伊斯仍用高达7%的利息发行战争债券。摩根意识到，这是一个千载难逢的好时机，如果有人大量买进黄金，汇到伦敦去，会使金价狂涨。

摩根与克查姆商量制订了一个计划，先秘密买下大量黄金，然后将其中部分汇往伦敦，另一部分留下。接着他们有意把往伦敦汇黄金的事泄露出去。这时，许多人都应该知道北军新近战败的消息了，金价必涨无疑，为了达成这一计划，摩根打算这时再把手里的一半黄金抛售出去。摩根不惜举债收购黄金，仅两个月他就囤积了200万美元的黄金。1863年10月中旬，摩根将115万美元的黄金偷偷运送到英国。这批价值约8000盎司的黄金运输到英国后，纽约黄金的存量大减。不久，华尔街开始传出北方联邦军队战败的消息，很多人都认为金价要涨，纷纷疯抢黄金，金价果然直线飙升，不但纽约的金价上涨，连伦敦的金价也被带得连连上升，摩根与查克姆大发横财。《纽约时报》对金价的上涨做了调查，结果发现金价上涨与军备、日用品、工业用品紧缺没有直接联系，这一事件的实际操纵者就是纽约的青年投机家摩根。摩根因此在华尔街声名大噪，这一年他才25岁。

随着战争的推进，美国联邦政府又出现了严重的财政危机。联邦政府为了稳定日趋恶化的经济，支付购买武器的开支，决定发行4亿美元的公债。摩根通过自己高超的演讲才能，为美国政府发行了2亿美元的公债，也为自己铺垫了一条财富之路。

承销国债，成为世界债主

1871年，经过普法战争和巴黎公社革命的法国政局一片混乱，经济濒临崩溃，投资家们对法国政府的债券唯恐避之不及。法国临时政府首脑梯也尔请求摩根的父亲包销2.5亿法郎的国债，这笔钱相当于当年美国购买路易斯安那费用的三倍还要多，朱尼厄斯爽快地答应了。

随后，朱尼厄斯指示在纽约的摩根接受一半的法国国债并在美国消化掉。但随后，鉴于这笔款项实在太大，朱尼厄斯想到成立辛迪加（联合），即将华尔街上大规模的投资金融公司联合起来，建立国债承购组织，大家共同承销这笔国债。摩根觉得父亲这个想法十分高明，立刻着手实行，最终消化掉了整笔国债，帮朱尼厄斯赚取了700万美元。这件事的成功使摩根的声誉再上一层楼，而对外国国债进行联合募购的方式也成为华尔街一条不成文的规则。不久，通过同样的“联合募购”方式，摩根和德国银行联合组织了辛迪加认购墨西哥公债，获得了墨西哥油矿及铁路权作为担保。19世纪90年代，阿根廷经过1864年到1870年与巴拉圭的战争后，元气大伤，陷入经济危机。因为伦敦的哈林公司无法全部承担阿根廷政府的公债，摩根出资购买了阿根廷7500万美元的公债。做各国的债主自然风光，而令摩根最感得意的，是连大英帝国都不得不向他求援。两次布尔战争期间，英国的财政陷入了极端困难的境地。英国政府首先就想到了摩根，派出代表向摩根求援。摩根一口答应了下来，前后共认购价值达1.8亿美元的英国国债。

到了20世纪初，可以毫不夸张地说，摩根已经成了全世界很多国家的债主。

渗入铁路行业

1870年前后，摩根的势力开始伸向铁路行业。当时在华尔街投机领域小有名气的乔伊·顾尔德和吉姆·费斯克利用金融紧缩政策，巧取豪夺了萨斯科哈那铁路的控制权，将其总裁拉姆杰拉下台。摩根利用顾尔德和拉姆杰的矛盾纷争，通过金融手段获得萨斯科哈那铁路副总裁一职，并很快掌握实权，从此涉足铁路行业。

1879年，拥有90%纽约中央铁路股份的威廉·范德比尔德想要在国外秘密出售一部分股份。由于英国投资者已经被美国铁路的垃圾股坑骗过多次，出售很有难度，范德比尔德就找到了摩根商行。摩根没有采用秘密出售的方式，反而将铁路股票的买卖和买卖之后公司的经营策略、经营线路的扩充计划全盘告诉投资者。由于这些计划周密翔实，前景诱人，投资者们被打动了，就在摩根的主持下组成银行联合企业，通过金融操作将25万股股票销售到英国的小额投资者手中。摩根不但借此赚取了300万美元的佣金，还在欧洲股权人的支持下进入中央铁路的董事会，又通过收购股权的形式，掌握了纽约中央铁路的控制权，纽约中央铁路变成了摩根铁路。

1884年，宾夕法尼亚铁路公司与纽约中央铁路公司因竞争产生矛盾，打起价格战，两家的股票价格都因此直线下降，投资人纷纷低价抛售，两

^ 华尔街上的铜牛雕像，是美国资本主义的重要象征，后被迁到博灵格林公园。

家铁路公司很难得到融资，都到了破产边缘。摩根此时已经是纽约中央铁路公司的董事及主要投资人，自然不愿意看到这种局面，他主动与宾夕法尼亚铁路公司寻求和解之道。在摩根的主持下，1885年7月，纽约中央铁路公司董事长强赛·迪普和宾夕法尼亚铁路公司董事长乔治·罗伯茨和副总裁弗兰克·汤姆森来到摩根的私人游艇，双方达成共建“利益团体”的协议，以消除竞争带给彼此的不良影响。事后，摩根以2400万美元的价格收购了西海岸铁路公司，转租给纽约中央铁路公司，并认购南宾夕法尼亚铁路公司60%的股权，交割给宾夕法尼亚铁路公司，铁路两巨头竞争的局面结束，由两大巨头合二为一的铁路托拉斯形成。到了1900年，受摩根直接和间接控制的铁路，总长已达17.3万千米，占当时美国铁路总里程的2/3。

垄断钢铁行业

摩根并不满足于对铁路行业上的垄断。1898年，美西战争爆发，对钢铁的需求量猛增，摩根意识到钢铁对未来美国发展的影响。他通过金融和政治手段，合并了美国中西部265家中小钢铁公司，成立了联邦钢铁公司，奠定了联邦钢铁在业界的地位。1899年，摩根得到一个消息：“钢铁大王”卡内基想要将与钢铁及焦炭有关的全部制铁企业股票出售给芝加哥投机家威廉·莫尔，然后从钢铁业隐退。但莫尔根本没有足够的财力入手卡内基那庞大的钢铁帝国，卡内基与莫尔的谈判失败。于是卡内基又想将自己的钢铁帝国转手给在钢铁行业排名第三的洛克菲勒，可洛克菲勒因忙于石油生产与买卖，无暇接手卡内基的企业。恰好此时卡内基与自己的总裁弗里克发生矛盾，卡内基任命许瓦布为新总裁。许瓦布是摩根女婿的朋友，有了这层关系，事情就向着摩根所希望的方向发展了。也有人说，卡内基知道除了摩根没有其他人能购买自己的钢铁帝国，因为知道许瓦布与摩根家族的关系，才任命他为总裁。

1901年4月1 日，经过反复磋商，摩根以5亿美元的天价收购了卡内基的钢铁帝国——这是一个令人咂舌的庞大数字，但也成就了“摩根钢铁托拉斯”的威名。此后，摩根通过挤压中小钢铁公司的方式抬升了行业门槛，并在中小钢铁公司财务紧张的时候继续收购，一举吞并了700多家相关钢铁企业。摩根旗下的美国钢铁公司发展飞快，很快成为美国第一家资产超过10亿美元的工业公司，控制了全美60%的钢铁生产。

“摩根化”时代

就这样，通过一场又一场兼并、收购，到20世纪初，摩根已经组建了一个横跨金融和工业的“摩根联盟”，金融和工业之间的界限日趋模糊，“摩根化”时代来临。

在摩根联盟中，以摩根公司为轴心的金融帝国总值近200亿美元，占全美金融资本的33%。

在工业生产方面，包括钢铁、通用汽车公司、肯尼格特制铜公司、德州海湾磺黄公司、大陆石油公司、通用电气公司等知名企业在内的全美35家主力企业中，摩根公司的47名董事都涉及其中。

摩根公司在通信行业也有较深涉入，包括国际电话电报公司、全美电缆、邮政电缆、美国电话电报公司等在内的著名通信公司，都属于摩根联盟中的一分子。

^ 华尔街上的联邦国家纪念堂

此外，摩根联盟旗下还有包括亚那科达铜山、西屋电气、联合金属炭化物等主要托拉斯企业在内的矿业企业，总资产达510亿美元。

以上所有资产相加，摩根联盟的总资产高达近740亿美元，是全美所有企业资本的1/4，横跨金融、钢铁、铁路运输、制造业、冶矿、海运、电讯等各行业，几乎控制了整个美国经济。来自摩根联盟的167名董事，在各行各业都举足轻重，而他们都执行着由摩根发出的指令。

“银行家中的银行家”

1895年，美国爆发金融危机，投资者疯狂抛售国债，然后将收回的资本换成黄金运到国外，美国政府的货币赤字加剧。最糟糕时美国国库的黄金储备仅剩900万美元，政府在这场危机面前束手无策。摩根此时已经是华尔街的领袖，他牵头组织了一个辛迪加，在欧洲资本的支持下，帮助美国政府发行了6500万美元的国债，美国政府这才渡过危机。

1907年，纽约传来美国第三大信托公司尼克伯克信托公司破产的消息，纽约市发生银行挤兑危机，引起恐慌。此时美国还没有成立控制流通的中央银行，缺乏统筹调控，也没有抵抗金融风险的能力，恐慌很快像病毒一样蔓延，银行逼迫信托公司还钱，很多信托公司相继破产，股市交易几乎停盘。纽约证交所主席于10月24日向摩根求救，并声称，如果下午3点之前筹集不到2500万美元，至少有50家交易商将会破产。摩根当天就召集到50位金融大亨，仅用16分钟，就从他们手中筹集到这笔款项。到1912年，摩根财团已经控制13家金融机构，合计资产总额达30.4亿美元，摩根因此被称作“银行家中的银行家”。

1913年，摩根的健康每况愈下，常感到疲惫，他最终在医生的建议下去度假旅行，3月31日逝世于旅途中。消息传开的12小时内，来自全世界的电报如潮水般飞向摩根逝世时居住的罗马饭店，国王、教皇、艺术品商、银行家和实业家等各国显要与社会名流均对摩根的去世表示哀悼。

v 1913年4月14日，在纽约市举行摩根的葬礼，图为摩根的灵车。

摩根去世后不久，美国政府根据摩根在经济危机时的拯救行为成立了专门的金融监管机构，美国经济的管理更加合理化。如今，垄断时代终结，世界商业权力也已分散到不同机构。正如畅销书《摩根财团》中所言：“再也不会有哪家银行能像摩根财团那样强大，那样神秘和富有。”

专题

美国文化的五大象征

⊙自由女神像 ⊙山姆大叔 ⊙《美国哥特式》⊙野牛镍币⊙芭比娃娃

作为一个移民构成的多元化国家，美国文化的构成也是多元的。无论把美国文化看作熔炉还是“沙拉”，它都极具特色，有许多代表性的文化符号，在世界文化中占据着非常重要的地位。了解这些具有象征意义的美国文化，对理解美国文化会有所帮助。根据比较公认和流行的看法，自由女神像、山姆大叔、《美国哥特式》、野牛镍币和芭比娃娃是美国文化的五大象征。然而美国文化不仅如此，其象征也是多种多样的。

▼自由女神像

国家精神与公民形象

如果要选择一个最能体现美利坚合众国建国精神的代表，那就一定是自由女神像。这座高46米，连同地台基座总高93米的金属雕像是法兰西第三共和国时期，法国人民送给美国建国一百周年的礼物。尽管经历了一番周折，从最初的设计计划到最终落成共耗时16年之久，耗资巨大，这座庞大的金属雕像还是在法国雕塑家巴特勒迪的主持下铸成并运往美国，并于1886年10月28日与建在纽约湾进港所经过的贝德罗岛（1956年定名为自由岛）上的基座安装组合完毕，向公众开放。

▼山姆大叔

这座自由女神像既是古希腊罗马神话传说中自由女神的形象，又符合美国人民对独立自由的追求。她头戴闪烁七道光芒的王冠，右臂擎起火炬，象征着自由与和平，因此又被命名为“自由照耀世界”。她左手持一块方板，上书美国独立宣言发表的日期，脚下环绕一段被挣断的锁链，表现反抗和摆脱强权专制。

与自由女神像的庄严、凝重的古典风格不同，山姆大叔是一个漫画形象。如同英国人被称为约翰牛，美国人以山姆大叔为自身的象征。山姆大叔高瘦、矍铄，留山羊胡，穿星条旗礼服，其原型是1812年美英战争时的一位军需供应商塞缪尔·威尔逊。因为美国缩写U.S.A与山姆大叔的开头字母相同，一个玩笑流传开来，山姆大叔被画家詹姆斯·蒙哥马利·弗拉格绘成征兵宣传海报，这个名字深入人心，成了美国人的代表。美国人将

“山姆大叔”的诚实可靠、吃苦耐劳及爱国主义精神视为自己公民的骄傲和共有的品性。

在此之前美国也有两个拟人化的代表——哥伦比亚和乔纳森大哥。哥伦比亚是女性的、自由的象征；而乔纳森大哥是美国北方居民的代称。这两个形象也一直流传，但没有像山姆大叔那样更为广泛和形象地代表美国人民的公民品质——诚实、勤奋和爱国。山姆大叔作为美国象征在1961年获得了合法地位，1989年，美国还确立了9月13日为“山姆大叔日”。

乡土气息和历史积淀

在美国国家精神和公民品格之下，《美国哥特式》代表的是一种美国式的乡村生活。这幅由美国画家格兰特·伍德在1930年创作的油画表现的是古老的哥特式农舍，它的窗子，还有站在农舍前的美国农民——一个男人和一个女人，他们被理解成夫妇或解释成父女，他们的关系以及他们脸上的神情备受争议，而身为作者的伍德最初的创作意图也很简单，只是为了描绘一幢理想中的房子和“我所想象的应当住在房子里的人”。然而这一切都不妨碍《美国哥特式》成为美国文化的一个象征，而它的内涵被不断解读，贴上拓荒精神的标签，并被认为是对美国农村生活的真实描述。

画中的男女，他们的眼神显示出男性的主导地位和女性依附于男性的从属关系。而劳动精神、家庭责任以及美国殖民时期遗留下来的乡土文化分别通过画中男人手持的农具、女人肩上的花和印花围裙得以展现。这是一个时代农村生活的缩影，但更是有着浓郁乡土气息的、美国式的乡村生活的象征。

与《美国哥特式》的拓荒精神不同，野牛镍币更接近一种历史反思。野牛镍币大约在1911年由詹姆斯·厄尔·弗雷泽设计，于1913年至1938年发行，是一种5美分硬币，正面是一个美洲印第安人的头像（因此又被称为印

▲ 油画《美国哥特式》

▼野牛镍币

第安头像硬币），背面则是一头美洲野牛的形象。印第安人和美洲野牛是整个西进运动中最大的受害者，这一设计体现了对这段历史的反思——尽管设计者最初的意图仅仅是用这两个造型表现美国的特色。

因为野牛镍币上的数字和日期极易磨损，也因为美国硬币以最短25年为一个设计周期，野牛镍币在发行了25年之后停止使用，被杰斐逊镍币取代。但它却沉淀在历史中，成为美国文化的象征，代表了对一段历史的纪念。

女性文化的代表

在所有这五大文化象征中，芭比娃娃是最为现代和新潮的，它本身只是一种真人形象的玩偶，使它的拥有者美泰儿公司在商业上获得巨大的成功，并在世界上拥有无数女孩粉丝和数以万计不同年龄的女性收藏者。当然在这些成功的基础上，芭比娃娃构建起来的是一种更为流行的通俗文化，其成人形象、可更换的衣着和发式以及这些款式展现出来的不同的女性职业和身份对许多女性产生了积极的影响。1959年，当它的最初设计者露丝·汉德勒萌发出设计一款有着成人形象的玩偶，并最终将芭比娃娃带到公众面前的时候，她的最初想法只是简单地希望能给像她女儿一样的孩子一种更成熟的、有益于她们自我发展的玩偶。但芭比娃娃后来在千百万个家庭中，对那些渐渐成长的女孩起到了更大的作用——它赋予她们不仅是对美，还有对职业理想、女性地位以及在这个社会中的自我设定的种种追求。

芭比娃娃学习和借鉴了一款德国成人玩偶，但在美国获得了更大的成功，并把这种文化推向世界，令更多人感受到来自美国的自由而富有个性的女性文化，这也就使芭比娃娃贴上了美国文化象征的标签，成为美国女性文化的某种代表。

堪称象征何其多

美国的文化虽然年轻，难以在历史上和它的根源——英国文化及其他诸多来自欧洲的文化源头和养分相比，但它多元的、蓬勃发展的局面和它因经济的强大和自身的繁盛而在世界文化领域，尤其是流行文化方面所占的地位，却不是这五种文化象征所能概括的。

在美国文化中，堪称象征的文化符号和独具特色、引领世界潮流的文化现象不胜枚举；在不同阶层、不同眼光和兴趣的人看来，美国的文化象征也不尽相同。好莱坞电影自不必说，音乐方面的百老汇音乐剧、民间音乐布鲁斯和爵士乐，体育方面的棒球和美式足球，文学思想方面的作家爱伦·坡、爱默生、梭罗、马克·吐温、惠特曼、艾略特、海明威等，以及美国侦探小说、西部小说和科幻小说，甚至麦当劳、肯德基这样的快餐文化，都深深地刻上了美国的烙印，无一不是深具美国特色的、影响着世界文化发展的美国文化的代表和象征。

相比较而言，美国近当代文化中还有许多具体的文化符号——从米老鼠和唐老鸭这些地道的美国特产，超人、蝙蝠侠、钢铁侠这些个人主义英雄身上，也都可以看出美国的某种文化内涵和精神内核。

LE ROY
GOUVERNE

第七章

走向世界

19 世纪末，美国进入帝国主义时期。美国垄断资本财团迫切需要开辟新的商品市场、投资场所和原料产地，于是各种宣传机器大造对外扩张的舆论。美国政府也逐渐把海外扩张作为国策之一。在 1898 年的美西战争中，美国向世界证明了它是一个不容忽视的大国，并同其他列强一起走上了向世界扩张的道路。

▷ “禁酒令”下的黑手党“暴发户” 艾尔·卡彭

VISIBLE HISTORY OF THE WORLD

关键词：扩张/殖民地/战争

美西战争

■ 1898年

20世纪初，在美国扩张主义者的眼中，太平洋地区和加勒比海区域成了他们海外扩张的首选对象，昔日的殖民强国西班牙也成了美国扩张道路上的最大障碍。曾经在大航海时代风云一时的西班牙，在拉丁美洲和太平洋上拥有广阔的殖民地，而18世纪以来，西班牙国力日衰，它的殖民地开始沦为列强的盘中餐。面对日益衰败的西班牙，美国终于露出了尖牙利齿。

美西交恶

1895年，古巴爆发了反对西班牙统治的起义。这次起义和美国关税政策的调整有很大关系。美国1894年的关税法规定对粗糖征收关税，对以糖业生产为主的古巴来说，这加剧了古巴的经济困难，因此古巴工人故意破坏制糖设备、甘蔗田和其他财产。1896年年初，西班牙驻古巴总督巴莱里亚诺·魏莱尔采取残酷的“再集中”政策镇压古巴工人，这种残酷的政策导致大量古巴人死亡。

在此期间，在古巴投资的美国商人积极支持古巴人民起义。美国政府利用这种感情，开始对西班牙施压。1898年5月，美国政府向西班牙政

^ 1895年，古巴人民爆发大规模反对西班牙殖民统治的武装斗争，为争取民族独立浴血奋战。

府提出抗议。其实在这之前，美国政府为了争夺海外市场和势力范围，已经准备同西班牙摊牌。1897年4月19日，西奥多·罗斯福出任美国海军部副部长。9月，罗斯福就开始考虑对西班牙的作战方案。9月20日，他在给约·戴·朗的信中说："应准备采取先发制人的行动，把我们的主力放在古巴，由沃克将军统率，并以一支由埃文斯或某位类似的人物率领的舰队对付西班牙，而亚洲舰队对菲律宾作战。我相信事情不会出现很大困难。"

1898年年初，美国政府派遣"缅因"号战舰开赴古巴的哈瓦那，宣称保护那里的美侨。接着，美国媒体为这一行为大造舆论，特别是威廉·R.赫斯特主编的《纽约日报》和约瑟夫·普利策主编的《纽约世界》，掀起了反对西班牙的舆论高潮。1898年2月15日夜，"缅因"号在哈瓦那被炸沉。同年3月，美国的调查结果表明"缅因"号"被一枚水雷爆炸而被毁，水雷爆炸引起该舰前部两处或多处弹药舱的局部爆炸"，但是不能断

^ 美国军舰“缅因”号在古巴哈瓦那港被西班牙水雷“炸沉”。

定是何人所为。由于这一突发事件，全美掀起了反对西班牙的狂潮，“牢记缅因号”一时成为美国激动人心的口号。美国舆论更是推波助澜，《美国人日报》极力煽动同西班牙开战，报头大标题为“‘缅因’号因背叛被炸”和“全国为战争狂热而激动！”。阿尔伯特·肖的《评论者之评论》在1898年4月发表社论，社论用带有煽动性的口吻说：“他们（西班牙）将缅因号在哈瓦那的出现看成是对西班牙在该岛主权的威胁，看成对叛乱的鼓励……在这真正紧急的时刻，美国只有少数人——我们不会相信在7500万人口中会超过10个人认为美国在古巴危机面前应该放下武器，而与西班牙握手言和。”

美国干涉

随着国会中主战派的呼声日益高涨，麦金莱政府开始加速备战。1898年2月25日，美国乔治·杜威海军准将接到海军部命令——“如果西班牙宣战，你的任务是监视西班牙舰队，使之不离开亚洲海岸，然后对菲律宾群岛发动攻击。”3月25日，总统麦金莱在白宫接到他所信赖的政治顾问、《纽约先驱报》主编里克的电报，电报中说：“这里的大企业现在都相信我们将有一场战争。相信所有人都欢迎战争，请摆脱担忧。”4月10日，西班牙政府发表了同意和谈的声明。4月11日，美国总统麦金莱要求国会授权使用武力，以确保古巴获得自由。4月19日，美国国会通过决议，主张“承认古巴人民的独立，要求西班牙政府放弃它对古巴岛的权力和统治，并从古巴和古巴水域撤退其陆海军部队，责成合众国总统使用合众国陆海军执行这些决议”。4月24日，西班牙向美国宣战；1898年4月25日，美国正式向西班牙宣战。

战争进程

1898年5月1日，美国太平洋舰队在马尼拉湾击溃西班牙舰队，战争正式爆发。美国乔治·杜威海军准将所率亚洲分舰队以微弱的损失使西班牙舰队元气大伤。美国海军取胜后，利用菲律宾起义力量共同抗击西班牙陆军，最后一举占领马尼拉。

美国海军在马尼拉湾海战取得胜利以后，战争的主战场转移到了古巴。1898年5月14日，美国陆军登陆古巴，西奥多·罗斯福率第一义勇骑兵团在古巴战场参战。5月19日，在塞维拉率领下的西班牙舰队从佛得角来到古巴圣地亚哥港。6月，美国威廉·桑普森海军少将率领美国海军舰

马尼拉湾之战，美国亚洲分舰队击溃西班牙舰队。

^ 美军在圣地亚哥郊外接受西班牙军队的投降。

队抵达圣地亚哥附近。7月3日，美军在圣地亚哥港击溃了西班牙加勒比海舰队。7月17日，美国威廉·沙夫特少将攻占圣地亚哥市，被围2万多名西班牙官兵投降。7月下旬，美国军队占领波多黎各。8月12日，西班牙政府请求停战。在整个战争中，美国陆军仅战死280人，伤1577人；海军死伤和退役共91人。

10月，美西双方在巴黎会面，商讨战后安排问题。12月10日，双方在巴黎签订和约，和约称西班牙承认古巴独立，将关岛和波多黎各割让给美国，还以2000万美元为代价将菲律宾群岛主权转让给美国。1901年2月，美国国会通过《普拉特修

^ 位于美国中央公园的纪念美西战争的军人雕像

正案》，该修正案规定古巴不得向美国以外的其他任何国家转让土地；美国取得在古巴建立军事基地的权利，并可以“维护古巴独立”为由对其进行干涉等。

美西战争爆发以后，美国共和党议员阿尔伯特·贝弗里奇在演说中说：“和英国一样，我们要在全世界设立贸易站，我们要使我们的商船遍及各大洋，我们要建立与我们的伟大国家相适应的海军；广大的殖民地将在我们的贸易站周围扩展开来；美国的法律、美国的秩序、美国的文明和美国的国旗将在迄今为止仍是血腥而黑暗的土地上树立起来。假如这意味着将星条旗升起在巴拿马运河上空，在夏威夷上空，在古巴上空，那就让我们欢欣鼓舞地实现它吧！”

v 1898 年 6 月 11 日，美国海军陆战队首次在古巴土地上悬挂星条旗。

战争结束后，麦金莱继续推行他的对外扩张战略。但是，1901年9月6日，麦金莱在纽约州布法罗泛美博览会的音乐厅前遇刺身亡，他的“宏图大业”就此画上句号。

VISIBLE HISTORY OF THE WORLD

关键词：夏威夷王国

美国兼并夏威夷

■ 1897年

夏威夷是大洋中最美的岛屿，是停泊在海洋中最可爱的岛屿舰队。

——马克·吐温

移民与贸易的较量

19世纪70年代，世界各主要资本主义国家过渡到帝国主义阶段，殖民地对它们具有了更为重要的意义，世界上每一片保持着独立的土地都成为它们觊觎的对象。美丽的夏威夷就成为刚刚走上资本主义道路不久的日本和美国的争夺对象。对这两个国家来说，夏威夷不仅关系着它们各自的经济需求，更重要的是还关系着它们在太平洋霸业上的成败。

早从1840年开始，美国和日本两个国家就绞尽脑汁，运用不同的手段在夏威夷明争暗斗。为了防止美国兼并夏威夷，日本力图保持夏威夷王国末代女王利留卡拉尼的统治。1871年，日本通过外交手段与夏威夷王国缔结了友好条约，建立起了正式的外交关系。随后，自1884年始，日本政府通过外交手段开始大规模向夏威夷移民，企图以人数的优势实现对夏威夷的影响和控制。到1890年，生活在夏威夷的日本人已经达到

12360人，占夏威夷总人口的13%。而美国移民不到日本人的1/6。又过了3年，日本移民已经达到10万人，为美国移民的10倍。日本的人口征服意图眼看就要实现。

逐步控制

这种昭然若揭的目的路人皆知，美国立刻做出了反应。其实，美国早在1842年就已经承认夏威夷王国，并在早于日本的1849年就与夏威夷缔结了《美夏通商条约》，因此遏制了日本在太平洋扩张的脚步。不过，经济实力更为强大的美国不屑于采取人海战术，它决心用经济力量实现对夏威夷的控制。1875年，美国国务卿汉密尔顿·菲希以免征夏威夷制糖的进口税为诱饵，与夏威夷签订了互惠条约，夏威夷保证不将领土割让给其他国家。美国不仅以此打碎了日本的梦想，还将夏威夷的支柱性产业——制糖业牢牢地绑在了美国的经济体系上。1890年，美国政府通过《麦金莱法案》，宣布免除所有国家的糖进口税，但同时为了保护美国国内的制糖业，联邦政府给所有美国制糖企业每磅2美分的补贴。夏威夷制糖业的竞争压力陡增，牵连整个夏威夷经济都受到极大打击。美国驻夏威夷公使约翰·史蒂文斯借此到处游说掌握着夏威夷大部分甘蔗种植园的美裔种植园主：只要将夏威夷并入美国，甘蔗生产就能享受到联邦政府的补贴。于是，1893年1月，政客和商人勾结在一起，美国驻夏威夷公使和美国海军陆战队相配合，一起发动了军事政变，利留卡拉尼女王被迫宣布退位。随后成立的临时政府在约翰·史蒂文斯的授意下请求并入美国。

划入版图

此时，正忙于准备中日甲午战争的日本分身乏术，对于美国这种暗度陈仓的做法虽然强烈反对，但仅只派出“浪速”舰抵达檀香山做姿态性抗议。时任美国海军副部长的西奥多·罗斯福毫不相让，直接宣称：“我们如果不占夏威夷，日本、德国或英国就会占。”

甲午战争之后，日本腾出手来准备与美国决一雌雄。但美国先下手为强，1897年与夏威夷签订合并条约。1898年，美西战争结束后，美国直接吞并了波多黎各、夏威夷、关岛和菲律宾。日本虽然心有不甘，但毕竟在亚太地区还立足未稳，北部又承受着俄国的压力，只得暂时退出了对夏威夷的争夺。1900年，夏威夷群岛被划入美国版图；1959年8月，夏威夷正式成为美国的第50个州。

> 伊奥拉尼皇宫

伊奥拉尼皇宫前身是夏威夷君主的宫殿，美国吞并夏威夷之后，这里就成了夏威夷总督住所。

VISIBLE HISTORY OF THE WORLD

关键词：“十四点计划”/巴黎和会

“政界校长”威尔逊

▪ 1913年～1924年

学者出身的民主党总统威尔逊在执政期间，凭借自己作为行政首脑的独特地位和作用，在很大程度上驾驭了国会立法的方向。针对货币金融方面的混乱局面和缺陷，他成功地创立了联邦储备体制。在威尔逊第二任开始后，中心问题转向外交领域，随着美国的参战，赢得第一次世界大战的胜利成为美国政府全部工作的重心。

白宫新主威尔逊

1913年3月初，伍德罗·威尔逊前往华盛顿就职。人们聚集在国会广场，等待着聆听威尔逊的就职演说。威尔逊在就任总统前是美国著名的学者和教育家，他的当选标志着美国历史上第一个有博士头衔的政治家成为白宫主人。

1856年威尔逊出生于弗吉尼亚州的斯汤顿城。1872年，进入北卡罗来纳州的戴维森学院，1875年他进入普林斯顿大学，毕业后至弗吉尼亚大学修读法律。1882年，威尔逊来到约翰斯·霍普金斯大学继续深造，获得博士学位。1886年，威尔逊开始了教学生涯，先后执教于宾夕法尼亚州的布林莫尔女子学院、康涅狄格州的韦斯利安大学。1902年～1910年，威尔逊出任普林斯顿大学校长，校长任内他积极倡导并推行改革，所提倡的导师制获得社会好评，并为哈佛、耶鲁等大学所效仿。

1910年，由于在普林斯顿大学建立研究生院的计划受阻，威尔逊辞职离开了普林斯顿大学。此后，他出面竞选新泽西州州长并当选。1912年大选，民主党人将他推向全国政治舞台，结果他不负众望，一举获得成功。

成立联邦贸易委员会

∨ 威尔逊总统像

威尔逊被认为是美国历史上学术成就最高的一位总统，因为是他第一次提出了与西方列强崇尚的武力解决问题的理念不同的理想主义政治理念，基于这种理念，他组织了有名的“巴黎和会”。

为了打击托拉斯的垄断，威尔逊当选后出台了《克莱顿法》。作为《克莱顿法》的补充，国会还通过了《联邦贸易委员会法》。早在1912年，西奥多·罗斯福就曾提出设立一个机构来专门管理公司企业。对于罗斯福的设想，威尔逊曾大加指责，但入主白宫之后，威尔逊改变了看法，接纳了这种主张。

促成威尔逊思想转

变的是律师路易斯·布兰代斯。长期以来，布兰代斯作为威尔逊的顾问，帮助威尔逊拟定了“新自由”纲领，并加入了国会进步派的行列，以学术权威的身份促成新策略的实施。布兰代斯认为威尔逊应改变态度，赞成新国家主义的主张，设立一个独立委员会，并赋予其对商业活动进行调查的权力，一旦证实其有不公正行为，立即发布终止指令。经过一番深思熟虑，威尔逊接受了这一意见。

1914年秋，国会在威尔逊的要求下通过了布兰代斯协助起草的《联邦贸易委员会法》。法案规定：撤销原有的公司管理局，其一切事务移交联邦贸易委员会；委员会作为一个独立的行政机构存在，由5名成员组成，成员由总统提名并经参议院认可，任期7年；委员会有权调查公司活动，监督《克莱顿法》所适用的私人和公司，以防止其违法，并根据总统或国会委托草拟新法案。《联邦贸易委员会法》第5款规定，商务中的不公平竞争方式、不公平或欺骗性行为与做法均属非法，这样，政府管理的范围从单纯控制公司的垄断行为，扩展到规范企业活动、制约企业间的竞争方式等更广阔的领域。此外，《联邦贸易委员会法》还有保护消费者权益的职责。

“十四点计划”

1914年第一次世界大战爆发后，美国从最初的中立态度到最后卷入世界大战，威尔逊在此期间做了大量工作。到1917年8月之后，威尔逊政府开始准备具体而详细的美国的战争目标与和平纲领。9月，威尔逊建立了一个调查委员会，专门研究交战各国的战争目标，并制定美国的战争目标。10月下旬，威尔逊派豪斯上校赴伦敦和巴黎参加协约国之间军事合作问题的会议，并让豪斯尽可能找到机会促成美国与协约国在战争目标上的合作，以便于加强对德、奥的和平攻势。但协约国成员各怀鬼胎，豪斯未能取得成功。

1917年12月，应豪斯上校的要求，调查委员会向威尔逊总统提交了一份关于战争目标与和平条款的备忘录，认为现在颁布一个自由主义纲领对美国十分重要。12月23日，威尔逊在这份备忘录的基础上加以修改补充，形成了“十四点计划”的蓝本。

1918年1月8日，威尔逊向国会发表了他的《十四点和平宣言》，宣称“世界和平的纲领就是我们的纲领”。具体内容如下：一、公开外交，不得有任何秘密的国际谅解。二、无论和平与战争时期，公海航行绝对自由。三、尽可能排除一切经济上的壁垒，国际贸易机会均等。四、充分地相互保证各国军备应缩减至足以维持国内安定的最低限度。五、解决一切殖民地纠纷时，须以诚相见，绝对公正，在决定一切有关主权的问题时，应兼顾当地居民的利益与殖民地政府之正当要求。六、撤出全部俄国领土上的外国军队，世界其他国家应该提供俄国以独立决定其政治发展和国家政策不受阻碍的机会，对其需求和希求的，给予一切帮助。七、从比利时撤军并使其复国。八、德军撤出法国所有占领区并恢复原状，将阿尔萨斯和洛林归还法国。九、调整意大利边境。十、奥匈帝国的人民应获得自治的机会。十一、罗马尼亚、塞尔维亚境内的占领军应进行撤退，巴尔干诸国的政治经济独立和领土完整，由国际保证。十二、承认土耳其帝国内土耳其部

∨ 1919年，伍德罗·威尔逊在巴黎和会上进行演讲。

分主权，但土耳其统治下的其他民族应获得绝对的自治权，达达尼尔海峡在国际保证下永久开放为自由航道。十三、建立独立的波兰国家，其政治经济独立和领土完整由国际条约予以保证。十四、建立国际联盟，相互保证独立与领土完整。

1918年9月，威尔逊又提出了民族平等、共同利益、国际联盟、国际经济合作、公开外交五项和平原则。9月20日，威尔逊说："这是一场由美国人民参与的独特和崇高的战争，因为他们无任何自私目的，为永远是我们自己国家生活基础的原理与理想而战。我们正在试图给世界送去自由和良知以及无私服务于世界的礼物。"

在美国的压力下，英、法、意遂在11月的停战协定中，同意以"十四点计划"为基础开始和平谈判，但是分歧犹存。

出席巴黎和会

1918年11月29日，法国向美国建议五大战胜国（美、英、法、意、日）应废除以前只在其中几个盟国间达成的一切特别协定，并立即在这五个国家之间就和平的主要基础取得一致。威尔逊总统对法国的建议并没有马上给予答复，因为他考虑的首要问题是建立国际联盟，并决定将它与和平条约结合起来。为此，威尔逊亲自率领美国代表团前往巴黎。但在组团问题上，威尔逊又犯了一个致命的政治错误，即没有任命共和党人或一名参议员参加代表团，其成员是：国务卿罗伯特·兰辛、总统的政治顾问爱德华·豪斯上校、塔斯克·布利斯上将和职业外交家亨利·怀特。在前往巴黎时，威尔逊没有征求参议院外交委员会的意见，这些无疑为他获取外交成果设下了障碍。

12月4日，威尔逊一行从纽约港起程，伴随代表团前往巴黎的还有国务院官员、情报官员、专家和秘书。1919年1月12日，英、法、美、意四国首脑及外交部部长召开预备会议，会议决定加上日本，组成最高理事

^ 签订《凡尔赛合约》时四国元首在一座旅馆前合影。从左到右分别是：英国首相劳合·乔治、意大利首相维托里奥·奥兰多、法国总理乔治·克里孟梭和美国总统伍德罗·威尔逊。

会。1月18日，巴黎和会正式开幕。英、法、美是会议的主角，会议“四巨头”即美国总统威尔逊、英国首相劳合·乔治、法国总理克里孟梭、意大利首相奥兰多控制了和会。会议大多数时间是秘密举行的，这对威尔逊“十四点计划”中的“第一点”无疑是一种嘲弄。在此期间，四巨头矛盾重重，会议一开始就出现了紧张气氛。

威尔逊在巴黎和会上最关注的是建立国际联盟，因为这不仅能为他赢得世界声誉，还能为美国带来世界性的领导地位。威尔逊关心国联盟约的起草，坚决主张国联盟约与和约结合在一起。这样，批准和约就意味着批准盟约。法国要求首先讨论领土瓜分、赔偿等问题，把国际联盟放在最后讨论。

英国虽然同意将盟约列入和约，但主张分开批准。各方经过讨价还价，2月中旬，会议通过国际联盟的盟约草稿。4月28日，盟约修改后正式通过。

盟约的主要内容集中在集体安全、仲裁国际争端、裁减军备、公开外交等问题上，规定建立一个由5个大国（常任的）和若干小国的代表（选举产生）组成的行政机构。威尔逊说服与会者把国联盟约与和约条款合并在一起。这样，国联盟约便成为《巴黎和约》的前26条。

批准国联盟约

1919年3月14日，在欧洲待了近5个月的威尔逊回国。回国后他马不停蹄地会晤了参众两院的外交委员会。共和党参议员亨利·洛奇策划提出了一个“圆形签名声明”，由39个参议员签名就国联盟约提出质疑，要求和约与国联盟约分别生效；而且共和党人批评条约中有关山东问题的条款（巴黎和会上无理地将德国在中国山东的一切权益转交给日本），要求取消和会通过的山东问题解决办法。威尔逊不顾国内的反对，再次前往法国。

7月，国内对他的批评依旧没有平息，威尔逊回到美国，把《巴黎和约》提交到参议院。参议员乔治·诺里斯认为，国联在减少战争可能性方面做得不够，它不过是大国谋求继续统治的工具。参议院外交委员会主席洛奇则认为，国联过多地剥夺了美国的主权。

一时之间，洛奇成了威尔逊的主要障碍。共和党使用拖延战略在舆论上取得很大的进展，极力反对成立国联。洛奇对国联盟约提出十四条保留案：例如，国会保留宪法赋予它在外交方面的任务；明确地把门罗主义排除于国联监督之外；美国不同意对中国山东的解决方案；否决国联对美国国内立法有裁决权等。

威尔逊意识到拖延下去会使美国人民对和约失去兴趣，便决定在全国巡回演讲，以宣传他的主张。威尔逊发表了37次演说，主要涉及门罗主义和移民、入国籍、关税等项国内事务不受国联控制的保留条件以及山东决议等。1919年9月26日，威尔逊在巡回演讲途中中风，他左侧身体瘫痪，几乎丧命。重病在身的威尔逊态度坚决，仍然拒绝与国会妥协。

当时参议院已分裂成四派：民主党人忠于威尔逊的非保留派、以弗兰克·凯洛格为首的温和保留派、由洛奇操纵的强硬保留派，还有包括拉福莱特、诺里斯和博拉在内的“不妥协分子”。1919年9月10日，外交委员会将对条约做了45处修改和4条保留的报告提交参议院。11月19日，参议院对条约进行表决。连续三次表决，条约都被否决掉了。在美国国会的一片否决声中，1920年1月10日，《凡尔赛合约》正式生效，在威尔逊的主持下国际联盟宣告正式成立。

1921年7月，美国国会中威尔逊和洛奇的“战争”正式结束。8月，通过《对德和约》，美国宣布《巴黎和约》条款有效，但国联条款不包括在内，于是，提出建立国联的美国最终却未成为国联的成员国。

威尔逊签订《凡尔赛合约》后返回美。

VISIBLE HISTORY OF THE WORLD

关键词：中立/参战

第一次世界大战中的美国

▪ 1914年

第一次世界大战是人类文明步入20世纪后的第一场浩劫，却也是美国崛起过程中的一场成人礼，借着天时地利，在精明政客的巧妙操控和汹汹民意的推动下，美国先是在战争中以“中立”之姿买卖军火大发横财，又在双方打得精疲力竭时果断下场收割胜利，最后携战胜国之威积极参加了战后国际新秩序的建立，成功实现了从地域豪强向世界霸主的转型。但纵观整个过程，尽管威尔逊的“十四点计划”反映了作为帝国主义后起之秀的美国力图主导战后秩序重建的雄心，但在老牌帝国主义英国和法国的合力阻挠及国内孤立势力的极力钳制下，威尔逊的理想主义终归幻灭，美国主导世界秩序的局面还有待来日。

借东风

1914年6月28日，巴尔干萨拉热窝，塞尔维亚族青年普林西普向前来视察的奥匈帝国皇储弗朗茨·斐迪南大公射出了蓄谋已久的两发子弹，大公夫妇当场身亡，奥匈帝国向塞尔维亚宣战，也彻底点燃了欧陆堆积已久的“火药桶”，德、俄、英、法等欧洲列强很快卷入其中，第一次世界大战就此开打。

虽然这场因刺杀而起的战事看似有偶然的因素，但是纵观自19世纪

^ 由于德国发起无限制潜艇战，威胁到美国的商业海运，美国的中立性开始倾斜。1917 年，伍德罗・威尔逊在国会上提议美国加入反德战争，将美国带入了第一次世界大战。

下半叶尤其是第二次工业革命以后英、法、德等国家之间错综复杂又矛盾重重的关系史，几乎可以说战争是一个必然的结果，这点睿智的政治家们譬如俾斯麦等人早有预言。而各国内部也早就为打仗进行了耗时已久的准备，英国大造“无畏舰”，法国忙着训练新兵和灌输极端民族主义，德国制定了“施里芬计划”，俄国则借着“欧洲压路机”的威名举债度日，“穷光蛋帝国主义”的意大利则靠着左右逢源列于世界之林……

时间到了1917年年初，在历经1914年的马恩河战役以及1915年、1916年残酷的凡尔登、索姆河等死伤过百万的几场大战后，欧洲列强们已经再也没有了将战争继续下去的底气，崇尚积极进攻的法国几乎用光了国内所有18岁以上的男青年，英国因战争的消耗出现了高额赤字，两线作战的德国更是陷入战争泥潭无法自拔，而最虚弱的俄国，一场革命的风暴已经在酝酿之中……

在欧陆各国都快精神崩溃的时候，形成鲜明对比的是大洋彼岸的美国正处在前所未有的“红火”当中。大战爆发当天，美国宣布“中立”，然后来自欧洲的订单开始源源不断地给美国经济“造血”。根据统计，美国在1914年至1917年间与欧洲贸易顺差达到116亿美元，工农业与金融业实现了爆发式的增长，其中工业总产值增长超过150%，农业也因粮食出口大幅度增长而一片繁荣，世界黄金储备的40%流入美联储，昔日靠借债度日的联邦政府摇身一变成了英法等国的“债主”。同时趁各国忙于战事无法分心的契机，美国还抢占了原本属于欧洲国家在亚洲和拉美的市场份额，自新世纪以来提出的“门户开放”政策第一次有了实现的底气。可以说，借着第一次世界大战这场东风，本来就潜力十足的美利坚，终于长成了一只在体量上足以比肩欧洲的“巨无霸”。

参战的抉择

美国的快速发育，英法等国不是没有察觉，只是身陷欧战泥潭实在无计可施，甚至到了1917年，打得精疲力竭的这些老牌强国，还要不得不指望美国的力量来给他们续命——仅有经济支援是不够的，最好美国大兵亲自上阵。然而美国国内，对于是否参战却还是争执不休，各有各的道理。

自立国起，美国对于插手欧洲事务素来是态度冷漠的，因为地理上美国跟世界其他地区有两洋相隔，是天然的安全屏障，北美又足够大且富庶，关起门来自己发展就好，实在没必要去欧洲蹚浑水，得不偿失。这便是国父华盛顿以来美国外交一直奉行的“孤立主义”原则，即坚持不与任何国家（主要为欧洲列强）结盟，不卷入列强纷争，完全独立地处理国际事务的孤立主义，其精髓为：“我们是为我们自己行动，不是为别人而行动的。”

在这种思维下，开战当天美国即宣布中立也可以理解，从现实角度看来，虽然美英“同文同种”，在思想和文化上较为亲近，然而美国国内也有大量的德裔和跟英国仇深似海的爱尔兰裔移民，真打起来这两个族群到底倾向于谁也很难说。所以即使时任大统领伍德罗·威尔逊另有所谋，他也只得宣布中立。

随着战争的进展，美国通过买卖军火大发横财，国内对于是否参战心理上也有了些微妙的变化。得益于国内的英语环境，德国媒体的各种宣传被自动过滤，美国人整天见到的，就是《泰晤士报》等英文媒体的推送：德军在比利时滥杀无辜、德国飞机对平民狂轰滥炸、德国潜艇攻击商船、德国……久而久之，德皇威廉二世在美国人眼里就变成了一个头上长角的魔鬼形象，他麾下的德军也变成了残暴不仁的屠夫，美国人心中那股天然的正义感爆棚起来，纷纷感觉，在这场对抗“邪恶”的战争中，似乎美国也应该出一份力？

^ 赴欧作战前的告别

美国宣战12个星期之后，第一支远征军就抵达法国。图为一名军号手正在安慰即将与之分别的女友。

普罗大众看的是正义，而政客和商人们更注重生意——虽然美国资本生冷不忌，交战双方的生意都会做，但是因为英国海军的封锁，很少有德国商船能成功从北美运回紧俏的战争物资。久而久之，美国人发现，他们的投资基本都流入了协约国方面，这样就意味着，一旦英、法打输，美国的赌注将血本无归。而1917年年初，俄国因为长期的战争消耗被拖垮，爆发“二月革命”沙皇倒台，德军在东线的压力大减，隐约有了在西线一鼓作气赢下战争的迹象，这让美国的高层很是紧张，动了让美军下场“保卫胜利果实”的念头，而同时发生了两件事，则成了压倒骆驼的最后两根稻草，给了美军以参战的口实。

一是德军在1917年2月恢复了无限制潜艇战，本意是切断英国航运，饿死困死这个岛国。然而因为之前发生过潜艇攻击邮轮导致美国公民大量伤亡的惨剧，美国方面对此十分敏感，德军此举无异于在挑衅美国的底线。而另一个事件则更加有“作死”的成分，1917年1月17日，德国外交大臣亚瑟·齐默尔曼为了阻止美国参战，居然发密电给墨西哥人，建议其从陆上入侵美国，并承诺以美国领土的得克萨斯、新墨西哥和亚里桑那三州为谢。且不说这个建议荒唐与否——结果就是这份电报被英国人截获并破译，然后送给了威尔逊总统，美国人被成功激怒，4月6日，美国国会顺利通过了战争决议，正式参战。

尾声余韵

虽然答应出兵，但是美国的军队实在没有准备好，远征军司令约翰·潘兴将军只好在同年6月先带着唯一的正规军“大红1师”赶到法国撑场面——他们首先去了在独立战争期间拉法耶特侯爵的墓地，表示美国人参战是想报答法国100多年前对他们的帮助，一名美国军官在拉法耶特的墓前献上鲜花并发表讲话：“拉法耶特，我们来了！”

美军的到来无疑极大振奋了协约国的士气，他们更希望美军能够真正分担前线的压力，他们希望潘兴把他麾下缺乏经验更缺乏训练的小伙子送上战场，但是潘兴不会让士兵白白送死。直到1917年年底，美军始终在行军、训练和适应战场，大规模参战已是1918年了，只是赶上了战争的尾巴。

但是从事后看，美军参战的士气加成已经足够使协约国挺过战争最艰难的时刻了——1917年年底俄国“十月革命”，新成立的布尔什维克政权退出了这场不义的战争，德军得以把全部力量投入西线战场，进行孤注一掷的攻击。同样精疲力竭的英、法则咬着牙顶住了这次赌博攻势，因为美国的参战给了他们解决问题的希望，只要顶住，胜利只是时间问题。

1918年，编练完成的美国远征军开始大规模开抵战场，这支生力军的加入彻底打破了参战双方的力量平衡，德军节节败退，尽管美军的战斗经验仍然稍显稚嫩，但士气高昂，在第二次马恩河、圣米耶勒和默兹—阿尔贡等战役中都打出了不俗的表现，还涌现出了约克军士这样的战斗英雄。1918年11月，前线29个师约130万人的美军与友军部队一起，接受了德国

^ 美国士兵庆祝停战协定的签订。

的投降，他们胜利了。而在参战的短短一年半不到的时间，美军也付出了11万人阵亡的代价，第一次世界大战之残酷，可见一斑。

士兵的战争结束了，而政客们的战斗则刚刚开始。携战胜国之威，之前一直没有什么机会表现的美国总统威尔逊在巴黎和会上迫不及待抛出了他的“十四点计划”，论述了关于成立国际联盟的想法，意图建立一个有美国参与的国际新秩序。但是在老谋深算的英法政客的阻挠下，最终的《凡尔赛和约》只不过是“美国式理想主义和欧洲式偏执狂之间的脆弱妥协”（亨利·基辛格语），国际联盟虽然也成立了，美国却因没有获得主导权，外加国内“孤立主义”的压力，终究也没有参加。威尔逊在欧洲的外交努力归于破产，他本人也郁郁而终。

但是终究，美国的崛起已经是不可阻挡的。英法虽然在巴黎和会中压了美国一头，但是最终在1921年～1922年召开的旨在解决远东太平洋局势的华盛顿会议中承认了美国的强势，确定了凡尔赛体系未能包括的远东、太平洋区域的帝国主义国际关系体系。美国借此进一步巩固了在太平洋彼端的战略利益，日后两洋帝国霸权的雏形，已开始崭露锋芒。

VISIBLE HISTORY OF THE WORLD

关键词：流感 / 死亡 / 灾难

流行性感冒袭击美国

■ 1918年

1918年3月11日，在美国堪萨斯州的福斯顿军营医院里，士兵阿瑟·吉切尔告诉医生说，自己咽喉发炎，全身酸痛。紧接着，下士德雷克也出现了相同的病症。中午时分，随军医生爱德华·斯克瑞纳发现，整个军营中有100多名士兵相继出现了类似的症状，到周末时，500多名士兵病倒。一场流行性感冒开始袭击美国，1918年10月，被称为美国历史上最惨的一个月，近20万美国人死于流感，仅费城一座城市就死了1.1万人，平均每天死亡300多人，从9月下旬到10月中旬，波士顿死于流感的人数超过了3000人。这场流行性感冒很快就波及了周边国家，成为世界性的灾难，历史上被称为“西班牙流行性感冒”。

“怪病”袭击美国军营

发生于1918年～1919年的流行性感冒是人类历史上最致命的传染病，造成了世界上约10亿人被感染，而最早发现的病例则是位于美国堪萨斯州的军营。

福斯顿军营占地80多平方千米，却驻扎着2.6万名士兵，当地气候恶劣，更为糟糕的是，军营里的马粪和骡粪没有办法处理掉，只能烧掉，而

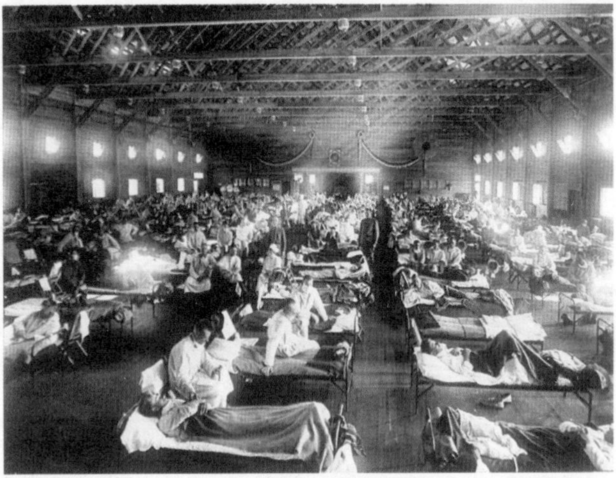

^ 流感期间的紧急军事医院

燃烧的畜粪搞得整个军营上空乌烟瘴气。对此，人们把将士的病因归咎于营地的篝火。感染上“怪病”的将士经过治疗，大多数人恢复了，但还是有200多人因流感恶化，染上了肺炎，大约有四分之一的人不治身亡。没过多久，雷里、汉考克、刘易斯、谢尔曼和佛理蒙特等军营也相继感染上流感，有约1000名士兵发病，其中有48人死在兵营里，死因是急性肺炎。医生经过尸体解剖，发现死者的肺部严重肿大，充满了黏液，黏液呈现浅蓝色。经过医生仔细观察研究，最终确定，这是一种流感病毒。不过，医生们没有想到这次流感会造成严重后果，他们甚至认为流感不会向社会传播。

流感开始迅速蔓延

当时，美国政府正忙于第一次世界大战，对于这场悄悄降临的流感并没有给予足够的重视，也没有及时采取相应的措施，各方面的原因使得疾病得以迅速蔓延开来。当时的医院并没有将流感病例上报卫生局，就连当时医学界的权威期刊

《美国医学协会会刊》也没有提到这次发生在军营里的流感。

1918年9月，费城的一些官员已经注意到来自波士顿流感的通报，但他们并没有向下面的老百姓通报实情。当时的费城医院有75％的医生因为战争被派往海外，医疗人员的严重缺乏，加上政府的不重视使得费城流感的防治工作雪上加霜。当时，州政府的健康慈善部官员卡恩和威尔默·克鲁森医生向公众保证：“流感只在军营里流行，不会传染给普通民众。”9月下旬，菲利浦医学院院长保罗医生

∨ 患流感死亡的人

这场流感造成全世界约10亿人感染，2500万到4000万人死亡（当时世界人口约17亿）。

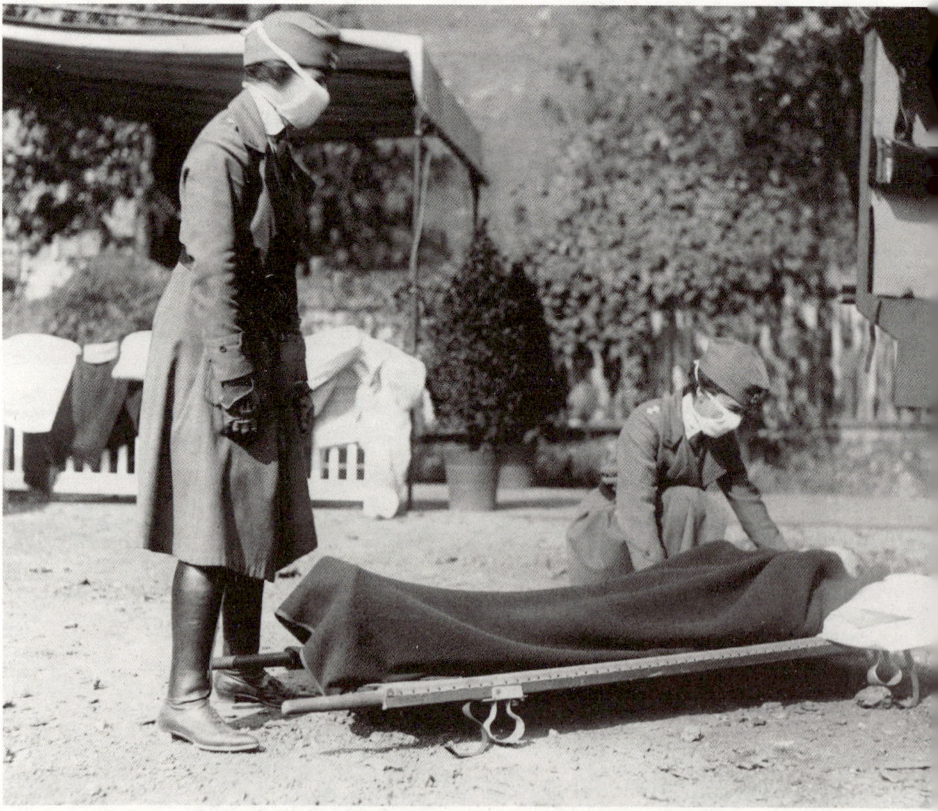

称自己已经找到病因，这使得人们放松了警惕。

1918年9月28日，市政府召集20万市民集会，强烈的爱国热情消减了人们对流感的恐惧。然而，就在两天之后，参加集会的市民中就出现了600多名流感患者，政府当即下令关闭教堂、学校和剧院等公共场所。到了10月中旬，城市里有十几万市民感染了流感。1918年10月，美国历史上最悲剧的一个月，大约20万美国人死于流感。从9月下旬到10月中旬，仅仅波士顿这座城市死于流感的人数就超过了3000人。1918年9月，美国医学协会前主席维克多·沃恩受命前往波士顿附近的戴维斯军营，在他到达军营的第一天就有63人死于流感，他通过调查发现："这次疫病就像战争，它专杀年轻人和身体强壮的成年人……"

政府的紧急应对措施

1918年11月，德国向协约国投降，但对于美国政府来说，一场战争结束了，另一场战争却紧接而来。前者所指的是第一次世界大战，后者所指的是流感。面对流感的袭击，美国政府采取了一系列措施。首先，组织了医学界权威对这次流感做了彻底的调查和诊断，告诫人们谨防误诊，尤其是不能将一般的感冒和流感混为一谈。当时，美国卫生局这样告诫民众："卫生局敦促公众注意，迄今为止，还没有任何防治流感的特效药和方法……"

同时，政府还征调了大量的医务人员进行医治和预防工作，严令禁止举办大型的集会，以防疫病在更大范围内流行。另外，美国公共卫生署则加强了疾病防治的教育，卫生署印发了大量预防流感的小册子，红十字会、邮政局、铁路局也对预防流感提出了各种方案。

难以磨灭的创伤

由于美国政府采取了积极的应急措施，在11月初流感的势头突然减弱，大多数城市每周的发病率下降到了50人以下。不少人认为，这次流感能够突然沉寂下去，应该源于流感的高峰期已经过去。然而，1918年的这次流行性感冒却给美国社会和民众造成了巨大的影响，留下了难以磨灭的创伤。1918年美国人当年的平均寿命因此比平常减少了12年，一些幸存者回忆说："瘟疫来临使人情开始变得冷漠，人们见面不打招呼，甚至担心传递眼神也会传播流感……"由于流感影响正常的交易和交往，造成的直接经济损失就达到了200多亿美元，这远远超过了美国参加世界大战所受到的经济损失。

> 流感期间的华盛顿医院

1918 年 10 月是美国历史上最黑暗的一个月，约 20 万美国人在这个月死去。

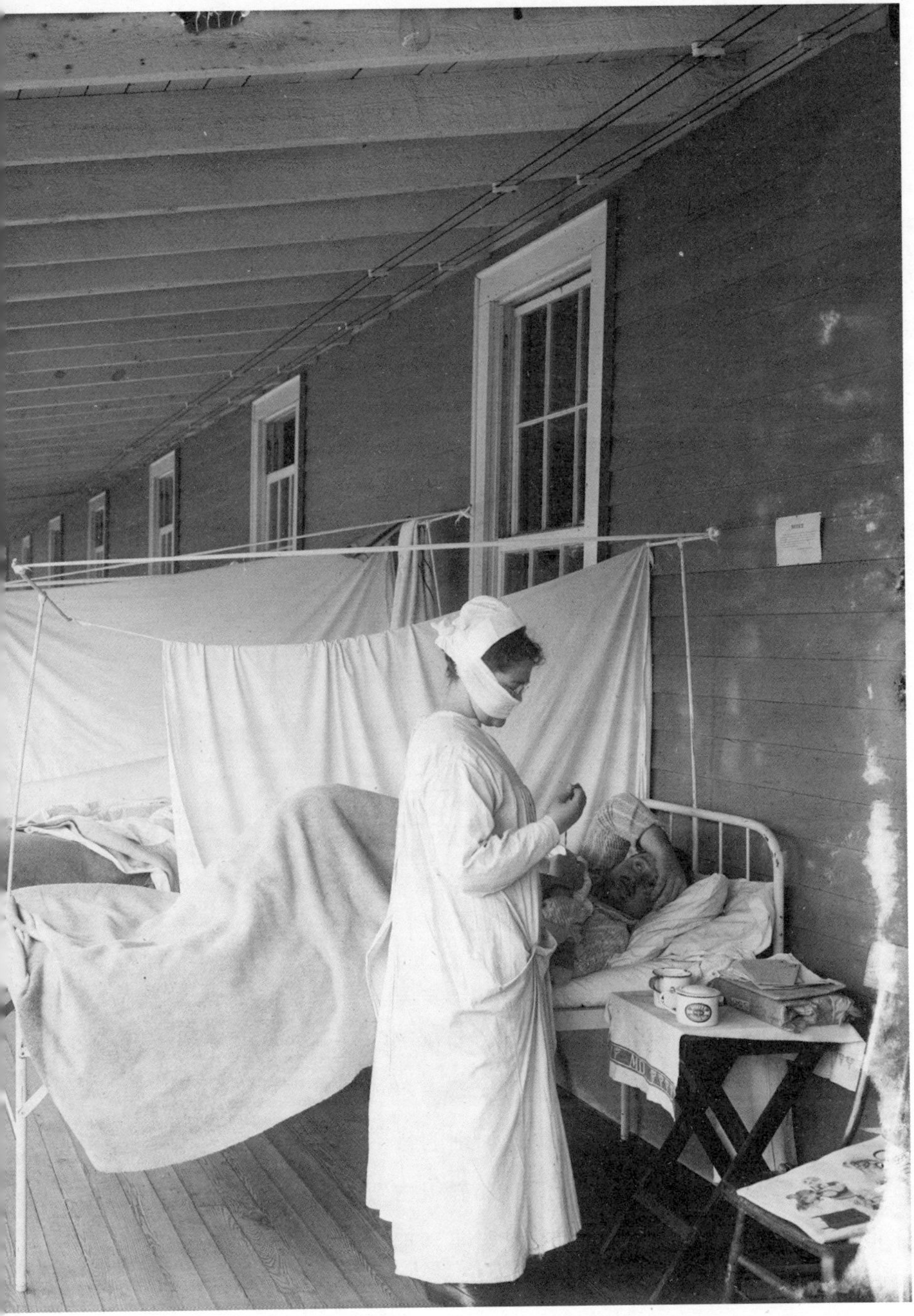

VISIBLE HISTORY OF THE WORLD

关键词：巴拿马运河 / 开凿

巴拿马运河的开凿

▪ 1880年～1913年

位于中美洲的巴拿马运河是连接太平洋和大西洋的重要航道，它的建成正式确立了美国的海上霸权，为美国实现门户开放，走向世界开辟了捷径。姑且不论在近一个世纪的时间里，美国政府为取得开凿巴拿马运河的绝对主权和控制权展开的或迂回、或直进、或利诱、或威逼等种种手段正义与否，单单以其对世界经济、贸易的贡献而论，巴拿马运河的开凿的确称得上是历史上的光辉一笔，一项造福人类的伟大工程。

巴拿马这个横跨南北美洲，气候终年湿热多雨，除了木材和水果别无所出的国度，却有着与国力颇不相称的地位和国际影响力，别的且不提，每年挂着巴拿马旗帜通行天下的货轮就占到了世界总吨位的12%，而这一切当然就是拜那条黄金航道巴拿马运河所赐。

前因后果

翻开美洲地图便不难发现，幅员辽阔的北美洲和地势高耸的南美洲之间连接着一条狭窄绵长的陆地，这便是中美地峡，而巴拿马则位于这条地峡的最窄处，宽度仅为61千米。在历史上，这条地峡的

∨1906年11月，美国总统罗斯福在巴拿马视察承担水道建造工作的部队。火车尾部穿着白色衣服的便是罗斯福。

存在方便了两个大洲之间陆上的迁徙和沟通，却实实在在隔断了大西洋和太平洋两大水系的交流，以至人类第一次环球航行时，麦哲伦不得不沿着南美海岸一路南下，直到绕过最尽头的合恩角才进入太平洋。

而伴随着西班牙帝国对美洲的全面征服，这片新大陆的地貌也逐渐清晰起来，西班牙人认识到了中美地峡的价值，并妥善地加以利用。当时出产自秘鲁和智利的白银会海运至地峡的一侧然后装上驮畜，经过一段短暂的陆上过渡后再由地峡另一侧的港口装船海运至西班牙本土，这种方式可以节省船只绕行麦哲伦海峡的时间，安全性也更为稳妥。同样的，来自欧洲的货物也会被西班牙人首先用海陆联运的方式跨过地峡，然后再装船起运至亚洲的菲律宾殖民地，用于跟东方的贸易。久而久之，巴拿马就成了一个重要的货物中转枢纽和商品交易中心，吸引着欧洲各大商行的代理商来此交易，巴拿马也因商业和海运日益繁荣。

虽然跨越中美地峡的商路节约了大量时间和交通成本，但是中间“海—陆—海”地来回切换毕竟还是麻烦，所以很久之前就有人提出过，如果在中美地峡上开凿一条运河，使得船只可以走捷径直接从大西洋进入太平洋，那该是多好的一件事。西班牙王室对此也很重视，16世纪初期就曾派遣探险家和工程师对运河线路进行了认真勘测，但是得出的结论并不乐观，中美地峡在地质史上是由板块撞击

所形成的，地形崎岖，多山地丘陵，且沿途火山地震频发，地质结构复杂，开凿运河的难度远远超出了当时的技术水平，这个提议就一直被搁置了。

v 工人们正在开凿巴拿马运河。巴拿马地区属于热带丛林气候，暴雨洪水频繁，给工程带来很大难度，加上当地疟疾、黄热病等传染性疾病肆虐，许多建筑工人都死于传染病。

到18世纪末19世纪初，科技的发展使得开凿运河终于有了可行性，西班牙政府开始迫不及待地将运河工程提上日程，然而这时候拉丁美洲的革命形势已是此起彼伏，原先的殖民地纷纷宣布独立，西班牙的殖民帝国土崩瓦解，于是运河计划再次搁浅了。

待到美洲的形势稳定下来，已经是19世纪中叶，巴拿马归属到了哥伦比亚共和国。新独立的国家领导人也开始考虑运河开凿的问题，无奈国小民贫，运河工程的巨额支出不是哥伦比亚所能负担的，只好谋求外力，结果就“招商引资”来了北方的一条饿狼，成了当地人延续至今的噩梦。

法国开凿

毫无疑问，在当时对开凿巴拿马运河兴趣最大的肯定是美国人，尤其南北战争后，美国“西部大开发”，无数的人蜂拥向加利福尼亚淘金，东西海岸之间的交通需求一时间急剧增加。美国人除了加紧开工横贯本土的太平洋铁路，也开始打起了巴拿马运河的主意——运河一旦凿通，将可使旧金山至纽约的海上航线缩短8000海里！这对美国而言意味着巨大的经济和军事价值，因此历代美国政治家无不对拿到运河的开凿权与控制权全力以赴，并且要志在必得。

可是哥伦比亚政府对这位来自北方的强邻的打算确是极为警惕——美墨战争殷鉴不远，这条来自北方的饿狼就是一步步吞噬着拉丁国家的血肉成长壮大的，如果让美国人拿到运河的开凿权，时间一久，谁能保证这里不会变成美国的巴拿马州？所以哪怕美国政府威逼利诱，甚至不惜以战争相威胁，哥伦比亚政府就是不松口。

1869年，航运地位上堪与巴拿马运河比肩的，由法国人斐迪南·德·雷赛布主持开凿的苏伊士运河通航，这让哥伦比亚政府看到了除美国人之外的另一种可能——可以请欧洲人来入局，抗衡咄咄逼人的美国资本。而雷赛布本人也很乐意接受这个新的挑战，留下自己在历史上的另一项伟绩丰功。双方一拍即合，1879年，已经是74岁高龄的雷赛布出面组织了巴拿马洋际运河环球公司，拿到了哥伦比亚政府开凿运河的许可证，1880年元旦，巴拿马运河开凿工程正式开始。

自负有着开凿苏伊士运河经验的雷赛布认为他可以复制在埃及的成功，然而后来严酷的事实却无情地打脸，对于巴拿马的工程难度，他显然还是缺乏足够的心理准备。

由于缺乏详细的前期勘察数据，直到运河开工，法国人才发现巴拿马两岸的海平面有20多厘米落差，根本无法像苏伊士运河那样简单挖通了事，必须利用船闸爬山，建造梯级运河。这使工程所需开挖的土方量成倍增长，时间也被迫延长，这两者的叠加又使得工程预算大大超支。巴拿马地区又属于热带丛林气候，天气潮湿闷热，多暴雨洪水，不利工程进行，恶劣的丛林、沼泽等自然环境又使得疟疾、黄热病等热带传染病肆虐，夺去了大批工人和技术人员的生命。据统计，在法国人开凿期间，来自55个国家的4万施工大军累计死亡达22000多人，在加通水闸附近的希望之山上，林立的墓碑令人不寒而栗。

而且，明眼人也知道，运河之所以迟至1880年才开工，工程技术上的难度倒是次要的，美国、哥伦比亚与欧洲三方剪不断理还乱的恩怨纷争、利益纠葛才是运河迟迟未能开凿的根本原因。对于法国人的横刀夺爱，美国人自然是耿耿于怀，在工程期间各种拆台。先是在运河物资的配送上百般设障，消极对待，迫使法国运河公司不得不以2550万美元的天价买下巴拿马铁路的所有权，然后又指使工人搞破坏，消极怠工，致使铁路根本无法正常运营。

最后，法国运河公司在经营管理上也出现了问题，以雷赛布为首的高管层在工程难以为继的情况下，却大肆侵吞公开发行的运河股票资金。为掩盖真相，又在国内大肆行贿，然而纸包不住火，到1889年，法国洋际运河公司许多印第安人参加了巴拿马运河开凿这项巨大的工程，图为印第安工人领取酬劳的情景。

W.H.O.

山穷水尽，不得不宣告破产，雷赛布本人也上了法庭，一世英名毁于一旦。

美国接手

眼见法国人招架不住了，巴拿马运河快成了烂尾工程，美国人心情格外舒畅，现在放眼全球，还有谁有能力接下这个烂摊子？巴拿马运河迟早是美利坚合众国的囊中物。然而哥伦比亚政府仍然不肯屈服，坚决反对法国人把工程交给美国接手。美国人十分不满，于是凭着一股霸权主义的蛮横，干脆在1903年直接策动了巴拿马“独立”，并与新兴的巴拿马政府签订了运河区的永久租借条约，排除了独霸工程的最后一个阻碍。

为了止损，山穷水尽的法国人不得不在1904年把运河低价打包给美国，已经荒芜许久的巴拿马丛林中再次人声鼎沸、机械轰鸣，美国人迫不及待地要将运河完工通航，以实现这延续了半个多世纪之久的野望。

然而接手工程的第一年，工人也病死了5000多人，这运河区简直就是一个吞噬生命的邪魔怪兽，美国人不得不先暂时停工，请来各路昆虫学家和防疫专家“驱邪”。19世纪末20世纪初，随着病理学的进步，人们已经搞清楚，蚊虫叮咬是传播疟疾与黄热病的元凶，而运河区湿热多雨，沼泽遍地的生态环境简直就是滋生蚊虫的天堂。美国人经过大规模的灭蚊行动，辅以奎宁等特效药，总算把工人的死亡率控制在了可以接受的水平，1906年运河工程重新上马。

前面也提到过，巴拿马地峡地势甚高，为了使船只翻越地峡，法国人采用了梯级船闸的办法。美国工程师在此基础上进一步细化，首先拦河筑坝，在地峡中间形成一个巨大的人工湖——伽通湖。然后用比海平面高出26米的伽通湖给船闸灌水，船只进入船闸后，逐渐灌入的湖水使船闸的水位慢慢升高26米，也即使船位升高26米，船只缓慢通过闸门后，水位逐渐降低，船只便驶出河口，重新进入大洋。

伽通湖的拦围和船闸的建造是整个工程中最为耗时耗力的项目，美国人

^ 俯瞰如今的巴拿马运河

在法国3亿美元投入的基础上，又追加了3.75亿美元，共挖掘了2.59亿立方米的土石量，用了450万立方米混凝土，在4万名工人的日夜奋战下，总算在1914年将工程竣工。

1914年8月15日，巴拿马运河正式通航，大西洋和太平洋实现了沟通，美洲东、西海岸航程因此缩短近8000海里，亚洲与欧洲之间航程缩短近5000海里，是当之无愧的“世界桥梁”，100年来，一艘艘舰艇轮船，穿梭于这条被称为捷径的航道上，人类之间的交往因此更容易，国际贸易和文化交流变得更频繁，运河的价值，至今熠熠生辉。

历史断面

巴拿马型船

如今巴拿马运河一共有3套船闸，太平洋一侧2套，大西洋一侧有1套。每套船闸的长度为320米，宽度为33.5米。而为了适应船闸的宽度，很多货轮都被设计成32米宽，刚好能通过巴拿马运河的船闸，这种根据巴拿马运河船闸的宽度确定船体宽度的船只，被称为“巴拿马型船”。

VISIBLE HISTORY OF THE WORLD

关键词：“俄亥俄帮”/丑闻

臭名昭著的“俄亥俄帮”

▪ 1920年～1923年

在很多美国人眼中，美国第29任总统哈定是一个成天泡在扑克牌、威士忌和女人中的浪荡公子。随着哈定进入白宫，他的狐朋狗友便也沾了不少光。上任后，哈定除了任命安德鲁·梅隆、赫伯特·胡佛、亨利·华莱士、查尔斯·休斯等几个具有实力的内阁要员外，他的老朋友哈里·多尔蒂被任命为司法部部长，艾伯特·福尔为内政部部长，威尔·海斯为邮政总局局长，查尔斯·福布斯为退伍军人管理局局长。因此，一个臭名昭著的“俄亥俄帮”堂而皇之地进入了华盛顿。

哈定上台

1920年，美国迎来了“一战”结束后的又一次大选。这时的美国人已经从威尔逊的理想主义之中清醒过来，对进步主义的热情早已丧失。这一切让共和党对赢得大选的信心倍增，他们所要做的是选出一个听话的人作为候选人。当时共和党内候选人的争夺主要集中在伦纳德·伍德、弗兰克·洛登和海勒姆·约翰逊三人之间。

到了1920年6月，如果这种相持不下的争斗继续进行下去，将会对

^ 哈定总统像

共和党获胜产生不利影响。11日黄昏，在芝加哥黑石旅馆的密室里，一项重要的决定正在酝酿。由于三位领先者间的僵持，密谈的主要任务在于从其他候选人中找出一个能够获得大多数人支持的人选，而共和党的领袖们首先就把目光聚集到哈定身上。哈定在此前的投票中排第十位，被视作“第二梯队的领头羊”。当被问及是否存在任何不光彩的历史档案而可能为反对者所利用时，哈定断然予以否认。实际上，哈定和一位名叫凯莉·富尔顿·菲利普斯的女人，也是他一位朋友的妻子有婚外情，但这件事直到哈定得到提名后才被发觉。经过洛奇、斯墨特、乔治·哈维以及由查尔斯·克梯斯、布兰德吉等人组成的党内参议员集团的磋商与努力，僵局最终在12日凌晨2点被打破，俄亥俄州参议员沃伦·甘梅利尔·哈定被选为共和党的总统候选人。作为一位在俄亥俄州外几乎没什么名气的政客，哈定的确堪称一匹黑马。另外，共和党大会还提名马萨诸塞州州长卡尔文·柯立芝为哈定的竞选伙伴，竞选副总统一职。

哈定被很多人称为好人，他出身于一个医生家庭，所受的教育并不多，曾在俄亥俄当过律师和记者，又做过地方银行和电话公司的董事长。哈定是

^ 哈定就职典礼

1921 年 3 月 4 日，哈定宣誓就职，他是美国历史上第一位坐着汽车去白宫就职的总统，他的就职典礼也是电台上第一次广播的总统就职典礼，但他的演说却被媒体认为苍白无力。

个讨人喜欢、头脑空空、唯命是从的政党仆从。在西奥多·罗斯福和威尔逊时期，总统的权力过度扩张，而参议院的权威却在递减。因此，共和党的参议员们相信：一个白宫中的英雄，无论是对政党还是国家，都不是一件好事。他们所期望的是一个平庸的总统。

与此同时，民主党内部也出现了混乱。威尔逊不顾有病在身，仍未放弃被提名的雄心。结果却妨碍了他的女婿威廉·麦卡杜的仕途。与麦卡杜竞争的是司法部部长帕尔默，但帕尔默在第38轮投票中放弃角逐。经过44轮的投票，另一位党内候选人詹姆斯·M.考克斯坐收渔利，击败麦卡杜获得民主党党内提名。

总统的角逐由此便在哈定与考克斯之间展开。

哈定的一个重要竞选优势是他得到了许多女性选民的支持，而这种支持可能来自多方面的原因。首先，哈定在参议院一直支持妇女选举权运动。随着1920年8月宪法第19条修正案的通过，1920年大选成为妇女在全国范围内获得选举权后的首场大选，大批妇女前往马里恩聆听哈定的演说。另外，哈定的长相也是个优势。在大部分人看来，和考克斯相比哈定明显要英俊一些。许多人，包括历史学家和普通选民都认为哈定的胜利实际上就是归功于他相貌堂堂。

为了保证哈定能够顺利当选，共和党采取了让哈定待在家里，三缄其口的策略。结果，哈定获得了61.6%的普选票和404张选举人票，而考克斯只获得了34.9%的普选票（另有约3.5%的普选票投向了社会党候选人尤金·德布斯）和127张选举人票。在中断了8年之后，共和党终于重新上台。

“俄亥俄帮”

哈定上台后，一再真诚地表示自己要当一个好总统。他说：“我不想成为一个伟大的总统，但是，也许我可以作为一个最受人爱戴的总统而留在人们的记忆中。”为了让每个人都喜欢他，哈定几乎是卑躬屈膝地工作，让国会和内阁去领导立法和外交政策。哈定还让自己的一些牌朋酒友都沾点光，如任命老朋友哈里·多尔蒂为司法部部长，艾伯特·福尔为内政部部长。不过，哈定也许过分“善良”了，他容易轻信别人的诺言，结果把

∨哈定总统从他的就职典礼上返回白宫。

一些花言巧语、夸夸其谈、暗中却只图捞一把的人也拉到了自己身边。他的这种好好先生式的做法，到头来是自食恶果。

在历史学家眼中，哈定是一个“道义上十分软弱，无力抵制他的朋友们的强力纠缠”的人。他的好朋友一进入内阁就给他惹了不少的麻烦，政府丑闻接连不断。丑闻首先从多尔蒂的朋友杰西·史密斯的自杀开始。史密斯由于与逃税者相勾结，因而被送回到俄亥俄，但他不能忍受这样被放逐，于1923年5月30日自杀。史密斯自杀以后，华盛顿便淹没在了政治丑闻中。退伍军人管理局局长查尔斯·福布斯利用政府对退伍军人的关心，挪用2.5亿美元的退伍军人拨款，在签订退伍军人医院的合同时收受高额回扣。尽管哈定明知此事，却允许他辞职并出国逃避调查，最后福布斯还是被参议院调查委员会以诈骗政府罪送进了监狱。

^ 1921 年，哈定举办的一个“营火晚会”。陪伴他一起参加的包括实业家亨利·福特和托马斯·阿尔瓦·爱迪生。

另一个大丑闻是哈定的密友、内政部部长福尔爆出了石油丑闻。1921年，福尔说服哈定将加利福尼亚的埃尔克丘陵、怀俄明的蒂波特圆丘地等多处油田划归内政部管理。之后福尔秘密将这两块油田分别租给泛美石油公司和马默思石油公司。1923年10月，以民主党人托马斯·沃尔什为首的参议院公众地委员会对此进行了调查，发现泛美石油公司的爱德华·多黑尼借给福尔10万美元，马默斯石油公司的辛克莱曾赠给福尔22.3万美元的政府债券、8.5万美元现金等内幕。1929年10月，福尔以受贿罪被判处

一年监禁，成为美国历史上第一个因贪污罪而入狱的内阁成员。

对于哈定来说，看到自己的密友犯下如此重大的罪行，震惊之余他除了选择逃避外，毫无对策。1923年6月23日，哈定携带夫人和随从开始了横渡大陆的旅行，哈定此去再也没能回到华盛顿。本来就有多种疾病的哈定由于焦虑和急躁，已经心力交瘁。在旅途中，哈定突发心脏病，又患上肺炎、中风。8月2日，哈定在旧金山病逝。令人感到意外的是，这个生前并不被人关注的总统在死后却引起了不小的波澜。随着丑闻以及有关总统的情妇的各种消息不断传出，美国人对哈定的死也出现了各种看法："新闻界认为死因是食物中毒，医生们则认为是突发心脏病，谣言散布者们则说成是梅毒，浪漫主义者们理解为破碎的心。"

VISIBLE HISTORY OF THE WORLD

关键词：“圣路易斯精神”

首飞大西洋

■ 1927年

在圣路易斯历史博物馆大厅正前方的上空，悬挂着一架小型的单翼飞机，在这架飞机机身侧翼写着“圣路易斯精神”几个英文单词，这是一架有着重大意义的飞机，因为它标志着“圣路易斯精神”首飞大西洋。1927年，邮政飞行员查尔斯·林德伯格驾着被命名为“圣路易斯精神”的飞机首次飞越了大西洋，从美国的纽约直达法国的巴黎。其间飞机一直不间断地飞行，其飞行时间为33.5小时。对人类来说，林德伯格不仅穿越了大西洋，而且是一次史无前例的历史性飞跃，正是“圣路易斯精神”，代表了航空运输时代的真正开始。

“奥泰格奖”

1919年5月19日，纽约旅馆业大亨奥泰格悬赏2.5万美元，决定奖给纽约到巴黎之间的第一位直航的飞行员，设立有效期为5年。同年6月，英国人阿尔考克和布朗首次完成了从纽芬兰到爱尔兰的跨越大西洋飞行，但是，纽约至巴黎的直航却在5年之间都没有人完成。对此，“奥泰格奖”宣布再延期5年。于是，从1926年9月至1927年5月，先后有法国、美国的飞行家4次冲击这一目标，但都没能获得成功，还付出了6人牺牲4人受伤的沉重代价。出生于圣路易斯的查尔斯·林德伯格是当地的邮政飞行员，他决定只身驾机穿越大西洋，来完成这一具有挑战性的直航飞行。

“圣路易斯精神”

在20世纪20年代，飞行被认为是冒险家的事业，因为从事邮政飞行的飞行员绝大多数都死于飞行事故。因此，当查尔斯·林德伯格表示想独自驾机穿越大西洋时，许多人都不理解这样的行为。不过，幸运的是，林德伯格得到了圣路易斯市商会8名商人的支持。在那8名商人看来，林德伯格首飞大西洋的壮举势必会产生重大的影响。于是，他们决定资助林德伯格购买飞机的全部费用，唯一的条件就是飞机以“圣路易斯精神”命名，这就是飞机名字的由来。

˅ 美国飞行员查尔斯·林德伯格

“圣路易斯精神”号本身是一架很普通的飞机，看起来十分简陋。除了机身全部使用金属框架，那14米长的机翼完全是由木材和布料制成的，负责设计飞机的设计师霍尔精简了一些不必要的负荷，以便装载1700公升的汽油。林德伯格下定了决心，他只要了一台地磁罗盘，把其余的无线电、降落伞等设备通通抛弃，甚至在登机前丢弃了牙刷、剃须刀，以此减轻飞机的重量。由于飞机油箱挡住了前方的视线，只能从侧窗和潜望镜观察外部情况。而且，在狭小的座舱里还安装了防止打瞌睡的“悬梁刺股”的装置。1927年5月20日清晨，25岁的林德伯格只身驾驶着“圣路易斯精神”号单翼机从纽约罗斯福机场缓缓升空。

经过了33小时30分，共计5810千米的飞行，“圣路易斯精神”号于5月21日夜间成功降落在巴黎布尔歇机场。当时，约有15万民众围观着这位“天外来客”，法国总统杜梅格授予了林德伯格“荣誉军团勋章”，美国总统柯立芝专门派遣了“孟菲斯”号巡洋舰将林德伯格接回了美国。6月11日，林德伯格在舰队和机群护卫下抵达华盛顿。林德伯格因为飞越大西洋的壮举而荣获了普利策奖，美国《读者文摘》杂志将其列为“影响美国历史的100位名人”，开拓进取的“圣路易斯精神”号成了整个人类的共同财富。林德伯格在后来撰写回忆录《“圣路易斯精神”号》时，留下了一句名言：“我不相信鲁莽的机会，但什么机会都不抓住将会一事无成。”

∨1927年5月林德伯格和“圣路易斯精神”号飞机。25岁的查尔斯·林德伯格第一次实现在美洲和欧洲大陆之间中途不着陆的驾机飞行，也是人类从陆地与海洋探索走向空间探索最引人注目的创举之一。

VISIBLE HISTORY OF THE WORLD

关键词：禁酒 / 第十八条修正案

“禁酒令”的生效与废除

▪ 1920年～1933年

古今中外历史上反对饮酒的思想，要么出于身体健康的考虑，要么源于宗教信仰，也有一些施政者出于对经济因素和社会问题的双重考虑而施行禁酒令。然而，除了像伊斯兰世界这样少数的特例之外，将禁酒作为政策或法律加以实行的国家鲜有成功的例子。

美国在1920年至1933年间实行了近14年之久的禁酒令，但最终还是选择了废除。作为一个曾有着强烈禁酒情绪的国家，美国是如何逐步将禁酒思想及运动转变为法律并使之生效，而又为何最终废除了这条法律呢？

清教徒精神与前期禁酒运动

美国可以说是一个由以清教徒为主体的移民建立起来的国家，其最初的宗教信仰和国民精神受新教徒的影响至深，并且这种影响一直延续了下来，形成了美国文化的基础和传统。禁欲和提倡节俭作为清教徒精神的重要组成部分，无可争议地会对美国人的思想观念和道德标准产生影响。而饮酒作为一种纵欲和享乐的行为，更因为其可能引发酗酒、施虐、犯罪等社会问题，自然成为被反对的对象，甚至被视为“堕落之源”。

关于禁酒的思想、言论和运动在美国历史上从未止息。早在1789年，美国康涅狄格州就有了以禁止制造烈性酒威士忌为宗旨的协会组织。更早些时候，美国的开国元勋本杰明·拉什曾在1784年以调查报告形式宣扬酒精对人的身心健康毫无益处的思想。在美国建国后的几十年间，诸如马萨诸塞州抑制酗酒会、美国禁酒会之类的各类禁酒组织相继成立，禁酒运动也有着方兴未艾的势头，直到南北战争期间才一度中断。

南北战争之后禁酒运动重新兴起，1874年成立的基督教妇女禁酒联合会标志着禁酒运动的一个新方向——以妇女为主体，以反对酗酒所造成的挥霍财产、家庭暴力和伤害事件为目的的禁酒行动成为主流。这些行动是结合尊重和提高妇女权利，如女性的选举权、受教育权、工作和参加社会活动的权利以及财产权展开的，不仅是女权运动的一个重要组成部分，同时也使禁酒运动获得了更加广泛和深远的意义，从而使禁酒这一行动和一个时代更重要的思想或运动结合在了一起。

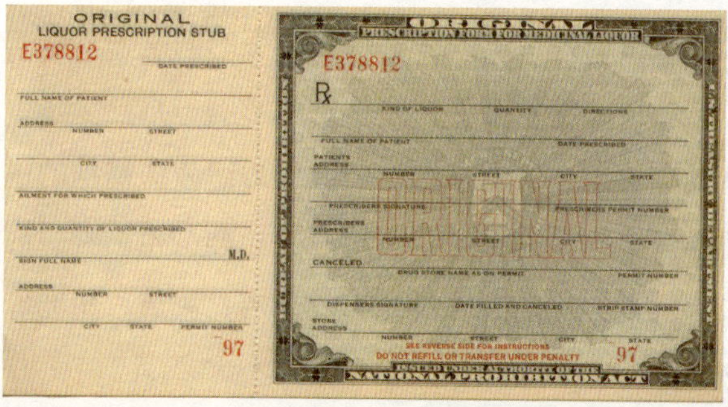
ORIGINAL
LIQUOR PRESCRIPTION STUB
E378812
DATE PRESCRIBED
FULL NAME OF PATIENT
ADDRESS NUMBER STREET
CITY STATE
AILMENT FOR WHICH PRESCRIBED
KIND AND QUANTITY OF LIQUOR PRESCRIBED
SIGN FULL NAME M.D.
ADDRESS NUMBER STREET
CITY STATE PERMIT NUMBER
97

ORIGINAL
PRESCRIPTION FORM FOR MEDICINAL LIQUOR
E378812
Rx
KIND OF LIQUOR QUANTITY DIRECTIONS
FULL NAME OF PATIENT DATE PRESCRIBED
PATIENTS ADDRESS NUMBER STREET CITY STATE
PRESCRIBERS SIGNATURE PRESCRIBERS PERMIT NUMBER
PRESCRIBERS ADDRESS NUMBER STREET CITY STATE
ORIGINAL
CANCELED
DRUG STORE NAME AS ON PERMIT PERMIT NUMBER
DISPENSERS SIGNATURE DATE FILLED AND CANCELED STRIP STAMP NUMBER
STORE ADDRESS NUMBER STREET CITY STATE
SEE REVERSE SIDE FOR INSTRUCTIONS
DO NOT REFILL OR TRANSFER UNDER PENALTY
97
ISSUED UNDER AUTHORITY OF THE
NATIONAL PROHIBITION ACT

∨ 用酒的医疗保单

禁酒时期，美国人用医生处方可以买到威士忌，处方上虽然清楚标记了医疗用途外的所有其他用途都是非法，但很多医生还是随意填写发放这些处方。

在这种形势下，禁酒运动蓬勃发展起来。女性为男性戒除和远离酒精做了不懈努力——包括在家庭生活中进行劝诫、影响和规范，文学艺术作品的创作和向男性发出呼吁等感化行动。为男性建造公共自动饮水机（戒酒饮水机）可谓一种实质性的努力，人们相信有了它们，男人至少在饥渴的时候会减少喝酒解渴的可能性。

事与愿违的第十八条修正案

既然禁酒运动如此高涨，禁酒思想又如此深入人心，为什么禁酒这一理念不能写入宪法，成为一条法律呢？基于19世纪晚期到20世纪早期禁酒运动的发展以及各类禁酒组织逐渐壮大这一事实，禁酒运动进入了立法阶段。“一战”期间，美国政府出于经济因素的考虑，施行了临时禁酒措施，这使禁酒令的颁布和永久化成为一种可能。

1919年1月16日，美国国会批准了宪法第十八条修正案。一年之后，第十八条修正案生效并开始实行。这是一部专门为禁酒颁布的修正案，全文只有三条，主要内容是规定禁止在美国领土内酿造、运输和出售“致醉酒精饮料”，实际上就是一部“禁酒令”。

在此之前，美国已经有部分州实行禁酒令，现在更成为联邦宪法修正案，看来禁酒之举实在是于法有据、深得民心了。而作为这一宪法修正案的定义和实施细则，基于第十八条修正案的沃尔斯特德法在关于“致醉酒精饮料”的界定、治疗和宗教仪式用酒类的划分和使用以及违犯“禁酒令”行为的具体惩罚细节上，都做了明确规定。这样，“禁酒令”从立法到执法就算完备了。

然而，尽管除了私自在家中饮酒不违反该宪法修正案之外，公开场合的酒宴或聚饮均构成违法行为，甚至可能被判处高达1000美元的罚金并处半年监禁，“禁酒令”在其实施的近14年里并未取得预期的效果，甚至适得其反，因为酗酒依旧，犯罪率攀升，公共场所的聚饮转入地下，私酿和走私酒精类饮品活动猖獗，后者渐渐成为黑帮势力的财源和垄断行业，更令人难以接受的是走私行业和地下加工行业助长了官员的贪污腐败，同时也影响到了国家的财政收入。

一种地下酒吧成为人们在公开场合喝酒的庇护所；原来的酿造企业开始出售用于“烘焙”或“饮用”的麦芽糖浆；医生处方中威士忌的用量大增，依赖此“药物”的“患者”也越来越多；不良商家用工业酒精或添加了有害物质的酒类饮品毒害渴求饮酒的“瘾君子”，致使众多的“违法消费者”受害。当然，更“不得人心”或不符合美国国家利益的状况是由此引发的黑市买卖猖獗，官员腐败和税收减少等不良现象，这是最直观和量化的一条，当时酒类饮品制造和销售的税金每年可达5亿美元，但一条宪法修正案就使美国政府白白地失去了这笔财富，岂不可惜？

道德或者信仰的理想目标终于没能战胜贪恋杯中物的俗念，宪法第十八条修正案的实施事与愿违。

亡羊补牢犹未晚

1929年，美国经济陷入大萧条，社会动荡，此时废止禁酒令的呼声也越来越高。当人们看到为净化社会、提升道德而修订的宪法反而滋生了犯罪和种种社会问题的时候，就连那些曾经并一贯主张禁酒的人，包括清教徒也开始反对禁酒令。

禁酒在实际效果方面一塌糊涂甚至适得其反，民意也开始倾斜。宪法第十八条修正案从受到广泛支持到穷途末路，与其说是民众对酒精的呼唤和回归，毋宁说是政府和精英阶层期盼对酒类的酿造和销售等相关行业可以在刺激和增长经济方面发挥积极作用。

1932年，富兰克林·罗斯福竞选总统，其竞选纲领中就有废止宪法第十八条修正案的承诺。他竞选成功后，这一承诺得以兑现——1933年2月20日，宪法第二十一条修正案正式提出，同年12月5日获得批准并生效，并在3天后开始实施。就这样，实施了近14年的禁酒令废止，禁酒运动也回落低谷，不复昔日轰轰烈烈的风光了。

^ 著名黑帮头目艾尔·卡彭

禁酒令为有组织犯罪提供了获利机会，他们接管酒的进口（私酒业）、制造和销售，最著名的私酒业者之一艾尔·卡彭，他的犯罪帝国就建立在非法贩酒得来的利润上。

第二十一条修正案是对第十八条修正案一次亡羊补牢式的挽救，同时也是对未曾制定出有效手段，更无法达成预期目标的禁酒政策的修正，更是对由此政策引发的种种社会、政治、经济问题的补救。在美国宪法中，第二十一条修正案是唯一一条用于废除之前的修正案的宪法条文，而第十八条修正案正是唯一被废除的一条。这一美国宪政史上的“立废”案例被评为“荒唐的”或者“灾难性的”，但无可否认，知错能改善莫大焉，亡羊补牢犹未晚也。

怀着美好的愿望却事与愿违，这种“好心办错事”无论对政府还是民众都是不可取的。尤其是对于政府，试图以法律去规范道德，干涉个人事务，往往会适得其反。然而在美国，禁酒运动的长期存在和禁酒令的一度实施有其宗教信仰的精神渊源和民众思想的传统背景。正如英国、加拿大、俄国（包括苏联时期）和北欧的一些国家也曾一度禁酒，尽管有些国家并未颁布法律，各国实施情况和时间阶段也有所不同，法罗群岛甚至直到1992年才解除酒禁。而在其他一些国家和地区，如中东阿拉伯世界、印度、巴基斯坦和孟加拉国等，宗教力量的强大足以使禁酒政策得以长久实施并延续至今。

不过在第十八条修正案生效前夕和第二十一条修正案实施之日的两件事还是给人们留下了深刻的印象。第一件是禁酒令生效前夕美国不少民众举行了“告别酒会”，一位参议员在酒会上举杯发表祝酒词“今晚是美国人告别个人自由的前夜”。第二件是禁酒令废除之夜几乎可以用举国欢庆来形容，人们开怀畅饮，纵声欢笑，表达着激动和兴奋。

还有一件事值得一提，禁酒运动几乎造就出一个险些与民主、共和两党三足鼎立的政党——禁酒党。这个1869年成立的政党以禁酒为纲领，在一段时期内甚至成为美国第三大党，大有打破两党轮流执政的势头。假设禁酒运动真的实现了它自身期许的道德高标并很快达到了实际效果，也许我们今天看到的美国总统竞选就不仅是驴象之争了。

VISIBLE HISTORY OF THE WORLD

关键词：经济发展 / “柯立芝繁荣”

柯立芝繁荣

■ 1923年～1929年

“一战”后的20世纪20年代，经历短暂低迷的美国经济迅猛发展，连续数年保持稳定的高增长率，把美国带进了一个黄金时代。这一时期因社会生活、文化艺术、工业生产、科技发明等诸多方面翻天覆地的变化而被称为“咆哮的20年代”。

与此同时，美国国力的强盛、经济实力和各阶层收入的提高促进了消费，扩大了消费需求，造成一派繁荣的景象。此时正当美国第30任总统约翰·卡尔文·柯立芝在任，故此这段时期又被称为“柯立芝繁荣”。

资本积累与发展机遇

虽然美国最终在1917年对德宣战，卷入了第一次世界大战，但此前美国的中立国身份，使之得以向交战各国大量销售武器和战略物资、出口工农业产品并向英法等国贷款，大发了一笔战争财。战争期间美国的兵力和经济损失都不是太大，战火更远未燃至美国本土，因此较之协约国的其他成员，美国实际上成为“一战”最大的赢家。这一“胜利”为美国积累了大量资本，军工企业、工农业生产也得以迅速发展，国家实力大为提高，同时也改变了美国引入外国资本的不利状况，由债务国摇身一变而为债权国。

另一方面，英、法等老牌资本主义国家在“一战”中实力受损、经济萧条，金本位货币制度受到冲击，再也无力和美国这个充满活力的新生资本主义强国竞争。“一战”结束后的短短五年间，世界黄金储备量的一半转移到美国，整个世界的金融中心也由英国伦敦转移到了美国纽约。

“彼消我长”，拥有雄厚资金和强大实力的美国人面对良好的发展环境和发展机遇——广阔的世界市场有待他们去开拓，国内经济的一度低迷和萧条也有待他们去刺激并注入新的活力。这是一个崭新的时代，资本市场的广阔天地为美国的发展前景提供了无尽可能。

应运而生

在这样一段时期，接连执政的三任美国总统都是共和党人，并都以信奉和坚持自由放任主义的自由市场经济著称，其中尤以柯立芝为最，他是古典自由主义保守派，对经济领域和资本市场实行“无为而治”，主张小政府、大市场并致力于降低税收和联邦政府开支、削减联邦政府机构。他在任期间的一些政策虽然受到批评，但也给美国带来了短暂繁荣，虽然之后的美国很快陷入了经济大萧条，但柯立芝时代的繁荣也是不可否认的。

柯立芝出身于马萨诸塞州一个有从政传统的农民家庭，当过律师，后投身政界，曾先后任马萨诸塞州参众两院议员、北安普敦市长、州参议院主席、副州长、州长，1920年作为共和党副总统候选人与哈定一起成功竞选，成为美国副总统。在副总统任内，柯立芝除了参加内阁和一些聚会之外并无突出事迹，甚至因为沉默寡言被称为“沉默的卡尔文”。然而美国在这样一个时代，大概需要一个更能容忍和鼓励自由市场发展的领导人，因此柯立芝因一个悲剧事件反而获得了一个机会践行他自由放任的经济政策。

1923年8月2日，哈定在巡回讲演途中骤然病逝，依据美国宪法，柯立芝在大选之前继任总统。1924年美国迎来新一轮总统大选，柯立芝此前签署的一项收入法案（其中有降低个人所得税、增加不动产税等内容）以及其他一些施政举措为他赢得了声誉和选票，在这一年的大选中，柯立芝获得连任。

正式成为美国总统的柯立芝继续奉行他的自由经济政策，所以关于他在这个美国经济高速发展的时代所做出的贡献很难拿出实例——他所做的只是“无为”。然而在减少纳税人负担、削减政府开支和债务方面，他的确做出了一些努力，使众多的工人阶层和中产阶级获得了利益，也为美国政府开创了一个新局面。

在他任内值得一提的还有他对《麦克纳利·豪根农田救济法案》的否决。在柯立芝看来，农业应当发展机械化和现代化，成为一个有“独立的商业基础”的行业，而不是靠政府救济。他指出“我不认为我们能在这上面帮太多”。

无可否认的是，美国经济的飞跃、新兴工业的崛起和繁荣局面的到来正是在柯立芝任内，“柯立芝繁荣”只怕离不开柯立芝“无为”的影响。

新支柱带来新气象

美国第30任总统卡尔文·柯立芝

在当时促进美国经济发展和繁荣的主要支柱是建筑业、汽车制造业和电气工业。在这三大产业支柱中，汽车和电气作为新兴行业尤其发挥了重要作用。新技术、新生产和管理模式的运用开创了行业新局面，开发出技术、能源和劳动力的巨大潜能；另一方面，新的营销模式和广告业的发展也为源源不断产出的商品开拓了巨大的国内外市场，使美国整体的生产活动和经济贸易展现出一派新气象。

作为当时最具代表性的汽车制造业中的佼佼者，福特汽车公司的发展可以看作“柯立芝繁荣”的一个缩影——汽车制造本已经是当时的新技术代表，福特公司又率先采用传送带传送部件、分工序组装的流水线作业法，大大地提高了劳动效率，降低了生产成本，使得福特公司具备了年产百万辆汽车的能力，更有敢于提出提高工资、降低汽车售价，以每个员工、每个美国人都能购买汽车为目标的资本。

从福特公司的个案就可以看出美国汽车工业在当时的蓬勃发展之势。1929年，美国的汽车年产量达到530余万辆，历年的销售总量已使美国几乎一半家庭都拥有汽车。当然，不单单是汽车，这时众多美国家庭所拥有的还包括当时最新的科技成果——收音机、电话、电冰箱、洗衣机、吸尘器等。汽车和大型家电等能够进入普通家庭的重要原因还有广告促销和分期付款的刺激手段。这些新的营销策略和模式刺激了消费者的需求和欲望，对商业繁荣和消费品普及产生了不小的影响。

三大产业支柱及由此带动起来的化学、机器制造等行业的蓬勃发展使美国实现了经济繁荣。1929年，美国工业总产值超过整个资本主义世界的一半，全民总收入达到840余亿美元，达到“柯立芝繁荣”的鼎盛。

昙花一现

1928年柯立芝放弃总统竞选，给自己的政治生涯画上一个圆满句号。仅隔一年，以其名字命名的美国黄金时代宣告结束，“黑色星期四”华尔街股市崩盘，经济大萧条时代来临，整个世界陷入了经济衰退。后来的批评者认为，柯立芝政府奉行的自由放任经济政策未能对美国经济实行有效的管控，留下了种种隐患，给经济大萧条留下了伏笔。

事实是否如此尚有争议，也不必得出非白即黑的结论。但经济学家对经济大萧条原因的分析还是具有一定意义的。

凯恩斯主义作为供需驱动理论的一种主流观点，试图以市场需求减少来解释经济大萧条发生的原因。简单地说，当商品总量超出市场需求继而引发通货膨胀和恐慌时，经济衰退就无可避免地发生了。柯立芝时代的美国人在广告宣传和分期付款等营销策略的鼓动下的确做出不少非理性消费，在短期内造成了市场繁荣的假象，然而这种过度消费和由此造成的个人债务累积在经济变动时不堪一击，终于酿成供需失衡，引发了经济萧条。

作为供需驱动理论的实践，罗斯福在他的新政中增强了政府对经济的管控，并寄希望于农业补贴等多项政策重振美国经济，消除财政赤字。然而这些努力收效甚微，并未如凯恩斯所论仅靠政府增加支出和降低税负就能拯救经济危机中的美国。

其他一些理论力图从诸多方面和各个角度解释美国从“柯立芝繁荣”到经济大萧条剧变的原因，但显然都无法被广泛承认，而对于“柯立芝繁荣”时代，我们也只能怀念并且报以世事总有缺憾的态度了。

v 批量生产飞机的波音公司

“一战”后，美国出现了一个更新生产设备、扩大生产规模以及采用新技术的热潮，技术革命是“柯立芝繁荣”最基本、最重要的原因。

专题

风靡全球的爵士乐

⊙19世纪末20世纪初 ⊙爵士乐 ⊙流行文化

提起美国的流行文化，人们很容易想到动感十足、长盛不衰的爵士乐。作为一种通俗音乐，爵士乐从20世纪初叶开始在美国底层社会流行，并且很快就迸发出巨大的能量，感染着一代又一代美国人，进而风靡全球。

尽管爵士乐源自西非音乐，最初只是作为一种即兴演奏的音乐形式在社会底层的黑人之间流传。但时至今日，它已经被深深地印上了美国文化的标签，成为全人类共有的艺术形式。

黑色的根，苦难的调

不论今天的爵士乐如何通俗化、大众化和多元化，人们普遍承认，爵士乐的根基是黑人音乐。作为一种“最自然的音乐展现方式”，爵士乐的特质在于它的节奏感和即兴表演能力。而这些特质恰恰来源于它最初的创造者，也就是那些底层的黑人。他们正是在自己的音乐传统之上，结合了一些民间音乐和古典音乐的元素，创造出爵士乐这样一种既属于他们自己，也属于所有人的大众音乐文化。

生活在美国的黑人，他们的祖先来自遥远的西非。这些苦难的非洲黑人在几百年前被贩卖到这片广袤的土地，和他们的后代世代沦为奴隶，过着悲惨的生活。他们丧失了基本的权利和尊严，更难以获得受教育机会。他们有限的娱乐就是用音乐来抒发情感，表达内心的悲苦，向上帝祷告和倾诉。

▲20世纪20年代知名的蓝调女歌手贝西·史密斯，人称“布鲁斯天后”。

一般来说，人们普遍认为蓝调和福音音乐与爵士乐有着很深的渊源，可以看作爵士乐的前身。蓝调和福音音乐都是较爵士乐更早出现的美国黑人音乐，而且和西非音乐之间有更直接的传承关系。蓝调也叫布鲁斯，源自黑人的赞美歌、劳动号子。它的特点是曲调忧郁、节奏感强烈而且有着特别的和弦，因此又被称作“蓝色的忧郁”。福音音乐是黑人基督教音乐，也是即兴的音乐表演形式，从田间祈祷到教堂活动都被广泛地传播，占据了黑人音乐领域的重要地位。

这两种音乐形式虽然后来都继续发展并各自流行，但是它们无疑对爵士乐产生了重大的影响，而且成为黑人民间音乐转向流行文化的先驱。另一种同样可以看作爵士乐前身的黑人音乐是拉格泰姆。它最初是作为舞曲得以普及的，而且它的流行地正是爵士乐的发源地——坐落在路易斯安那州密西西比河口的新奥尔良。

从新奥尔良出发

新奥尔良位于美国南部，毗邻墨西哥湾。传统上美国南部各州为蓄奴州，黑人奴隶占了很大比重。在经历了南北战争之后，南方蓄奴州奴隶制被废除，但路易斯安那州依然是黑人聚居的地区。这些黑人获得了身份的解放，但贫困的境地并没有真正得到改善。他们依然很少受到教育，生活在社会底层，很多黑人流落到酒吧、妓院等低贱的娱乐场所，命运悲苦。但也正因为如此，爵士乐在这里萌芽和发展也就很自然了。

大约在19世纪末20世纪初，早期爵士乐开始出现在新奥尔良的底层社会。作为一种“多功能”的音乐表演形式，爵士乐适用于许多场合，诸如酒吧、俱乐部、舞会、开业庆典，甚至是丧礼——由爵士乐团演奏乐曲引导送葬队伍前进，走向墓地。这些爵士乐团全部由黑人组成，他们使用小号、长号、竖笛、吉他、鼓等乐器，游走在新奥尔良以及南方的黑人社区，播散着早期爵士乐这种音乐形式，并且影响越来越大。

小号、长号、鼓这些是军乐器，来自战后的军乐团。这也是南北战争这场改变了黑人命运的内战给黑人们留下的另一项“物质遗产”。此外，新奥尔良得天独厚的特殊环境也对爵士乐的产生和发展极为有利。这个曾经是法国和西班牙殖民地的城市，法国人、西班牙人、非裔黑人和白人混杂而居，各种文化交汇碰撞，为早期爵士乐风格的形成提供了可能。

▲杰里·罗尔·莫顿像

在这个阶段，新奥尔良涌现出许多爵士乐团和黑人乐手。他们在新奥尔良著名的红灯区斯特利维尔演出。这些人中包括被认为是爵士乐先驱人物的巴迪·博尔登，他和他的乐团创新了新奥尔良风格的拉格泰姆，使之演变为后来的爵士乐。另一位爵士乐发展和传播中的重要人物是杰利·罗尔·莫顿。莫顿是钢琴家，同时也是作曲家和爵士乐团领队。他在1915年第一次公开出版了他的爵士乐曲*Jelly Roll Blues*，而他更有影响力的作品则有*King Porter Stomp*——这支乐曲引领了后来所谓的“摇摆乐年代”，展现出莫顿天才的创造力。

莫顿对新奥尔良风格黑人音乐进行了一些重要的改良和创新，而他的艺术生涯轨迹则反映了爵士乐从南方向北方的迁移。从20世纪开始，莫顿和流行于新奥尔良以及美国南方的爵士乐团向北方进军，到达了芝加哥和美国的文化和艺术中心——纽约。

世代风行，音乐无界

在新奥尔良和美国南方，爵士乐团主要活跃在一些歌舞杂耍表演节目中。博尔登和莫顿以及其他一些黑人爵士乐手从新奥尔良出发，足迹遍及美国南方各州，又渐渐延伸到美国北方。在那里，他们的活动重镇和主要策源地主要是工业发达的芝加哥和文学家、艺术家集中的纽约。

由于斯特利维尔的渐趋没落乃至最终被关闭，爵士乐手们辗转北上寻求更好的发展，也因此获得了更大的成功。在20世纪10年代和20年代，莫顿等一大批黑人爵士乐团领军人物带着他们的乐团向经济更为发达、文化氛围也更为浓郁的北

▾爵士乐手路易斯·阿姆斯特朗

阿姆斯特朗早年以演奏小号成名，后来他以独特的沙哑嗓音成为爵士歌手中的佼佼者。他在1923年～1967年录制的曲目，内容涵盖相当广泛，被世人称为“爵士圣经”，是爵士乐史上的灵魂人物。

爵士乐的小号和萨克斯管

方城市进发。这其中就包括另一位爵士乐早期崛起和兴盛时代的重要人物路易斯·阿姆斯特朗。尽管阿姆斯特朗本人只是一名小号手，但他在美国20世纪二三十年代的乐坛和爵士乐发展历史上占据着独特的地位。

阿姆斯特朗对爵士乐做出了卓越的贡献：他首创了拟声唱法；他也把爵士乐的即兴表演功能发挥到极致；更重要的是，他把爵士乐的节奏和节拍韵律发展到了一个新的高度，引发节奏上的“爵士摇摆感觉”，由此开创了一个新的爵士时代，即“摇摆乐年代”。

事实上，爵士乐从20世纪二三十年代先后进入“爵士时代”“摇摆乐年代”之后，在不同的历史时期又分别出现了不同的流派和分支，诸如波普、酷派爵士、硬波普、后波普、自由爵士、融合爵士等，可以说在每一个时代都有其流行的风格和特色。在这每一个时代，爵士乐无论被冠以什么名称、贴上何种标签，它始终是在不断进步，影响也越来越大，在通俗和流行两个方面引领着时代潮流。

当摇摆乐开始兴起和盛行的时候，甚至在更早的“爵士时代”，美国爵士乐已经迈入了辉煌。这一时期和随后的几十年内最重要的两个人物无疑是艾灵顿公爵和班尼·古德曼。他们都对美国乃至全世界的爵士乐产生过重要的影响，并且和他们的前辈阿姆斯特朗一样享誉多年，为爵士乐的传播做出了极大的贡献。在这一方面，阿姆斯特朗大概可以说是爵士乐走出美国、走向世界的代言人，而艾灵顿公爵率团多次巡回世界各地演出同样影响巨大、功不可没。至于班尼·古德曼，他的白人犹太裔身份已经显得很特别，再加上他卓越的天分和不同时期的非凡表现，这些都足以令他无愧于“摇摆乐之王”的称号。

“摇摆乐年代”可谓爵士乐的第一个黄金年代。然而正如爵士乐虽然起源于非洲的黑人音乐，却受到诸多民间和古典音乐影响一样，爵士乐的发展也不断融合其他音乐形式的优点并逐渐形成自己的特质。

当然，爵士乐最大的特质就在于它的自然和即兴。爵士乐之所以被誉为“最自然的音乐展现方式”是因为它强调即兴，不对表演者做出过多的限制，给他们足够的空间展现自己的风格和特点。也许这就是音乐或者艺术的真谛，即音乐本无界限，自然而随性地表现出来的，才是最好的。而且也正因为如此，爵士乐才成为美国流行和通俗的艺术形式，更进一步感动世界、风靡全球。

▲ 艾灵顿公爵在 1973 年慕尼黑音乐会上弹奏钢琴。

归根到底，爵士乐是美国非裔黑人所创造的美国文化，同时也是他们为世界文化做出的巨大贡献。